Hilfe in miesen Zeiten

W0220731

Abbas Schirmohammadi

Hilfe in miesen Zeiten

In fünf Schritten persönliche Krisen meistern

Haben Sie Fragen an den Verlag?
Anregungen zum Buch?
Erfahrungen, die Sie mit anderen teilen möchten?

Besuchen Sie unsere sozialen Netzwerke:
www.mankau-verlag.de/forum

mankau

Bibliografische Information der Deutschen Nationalbibliothek
Die Deutsche Nationalbibliothek verzeichnet diese Publikation in der Deutschen Nationalbibliografie; detaillierte bibliografische Daten sind im Internet über http://dnb.d-nb.de abrufbar.

Abbas Schirmohammadi
Hilfe in miesen Zeiten
In fünf Schritten persönliche Krisen meistern
ISBN 978-3-86374-737-4
1. Auflage September 2024

Mankau Verlag GmbH
Pfarrgasse 1
D-82497 Unterammergau
Im Netz: www.mankau-verlag.de
Soziale Netzwerke: www.mankau-verlag.de/forum

Lektorat: Redaktionsbüro Julia Feldbaum, Augsburg
Endkorrektorat: Susanne Langer-Joffroy M. A., Germering
Cover/Umschlag: Guter Punkt GmbH & Co. KG, München
Covermotiv: © elenabs/iStock/Getty Images Plus
Satz und Gestaltung: Lydia Kühn, Aix-en-Provence, Frankreich

Druck: Druckerei C. H. Beck, Nördlingen

FSC www.fsc.org MIX Papier | Fördert gute Waldnutzung FSC® C019821

Wichtiger Hinweis des Verlags:
Der Autor hat bei der Erstellung dieses Buches Informationen und Ratschläge mit Sorgfalt recherchiert und geprüft, dennoch erfolgen alle Angaben ohne Gewähr; Verlag und Autor können keinerlei Haftung für etwaige Schäden oder Nachteile übernehmen, die sich aus der praktischen Umsetzung der in diesem Buch dargestellten Inhalte ergeben. Bitte respektieren Sie die Grenzen der Selbsthilfe, und suchen Sie bei Erkrankungen oder auffälligen Verhaltensstörungen einen erfahrenen Arzt oder Therapeuten auf.

Inhalt

Vorwort

Liebe Leserin, lieber Leser,
auf eines können wir uns verlassen: Shit happens. Das Leben scheint ungerecht zu sein, und manchmal passieren Dinge, die man so auf keinen Fall bestellt oder sich gewünscht und auch nicht verdient hat. Da kann man noch so liebevoll, bewusst, achtsam, vorsichtig und umsichtig, organisiert und spirituell sein ... Der Kosmos besteht aus 80 Prozent Ordnung und 20 Prozent Chaos. Jetzt scheint bei dir gerade Chaos an der Reihe zu sein, sonst würdest du nicht nach diesem Buch greifen.

Das Gute ist, du hast Regel Nummer eins hinaus aus der Krise befolgt: Du suchst dir Hilfe. Du willst diese Krise meistern. Nicht als Opfer in Schmerz, Wut und Groll versacken, sondern gestärkt daraus hervorgehen – und das ist großartig!

Wir nehmen die Fragen »Wie konnte das nur passieren?« und »Warum ausgerechnet ich?« ernst und beantworten sie mit dir. Wir bemühen uns zu erkennen, auf welche Weise dir diese Krise als Chance dient, ohne dabei deine Gefühle zu ignorieren. Du darfst in einer Krise fühlen, was du fühlst, und das, solange diese Gefühle eben andauern. Aber auch nicht länger. Gleichzeitig helfen wir dir dabei, diese Krise als das anzuerkennen, was sie in Wahrheit ist: eine Möglichkeit, die dir die Evolution bietet, um zu reifen.

Das, was du auf keinen Fall wolltest, ist eingetroffen, und du bist erschüttert. Das Leben ändert seine Parameter. Es mutet dir zu, deine Sicherheitszone zu verlassen, es wirft dich auf die Straße. Das Leben, das du bisher geführt hast, kündigt dir den Wohnsitz, und du fühlst dich in vielerlei Hinsicht obdachlos. Es gilt also, ein neues Heim zu finden, das nun anderen Anforderungen gerecht werden muss. Was ist der Unterschied zwischen einer Krise und einem Trauerfall? In einer Krise erleiden wir Verluste, unser Partner verlässt uns, wir verlieren den Arbeitsplatz, unsere Gesundheit oder unsere finanzielle Stabilität. Etwas, das uns wichtig war und uns Sicherheit gegeben hat, verschwindet aus unserem Leben. Wie man damit umgeht, beschreibt dieses Buch. Wir durchlaufen auch hier Trauerphasen, doch wir haben eine Chance, die Dinge wieder in Ordnung zu bringen. In einem Trauerfall, wenn jemand gestorben ist, können wir das nicht. Wenn ein geliebtes Familienmitglied, ob Mensch oder Tier, oder Freunde sterben, müssen wir mit einem unwiederbringlichen und grundsätzlichen Verlust umgehen. Wir geraten dadurch vielleicht auch in eine Krise, doch wir müssen uns mit dem Unvermeidlichen abfinden. In diesem Buch geht es um Krisen, aus denen du gestärkt hervorgehen kannst, nicht um den Tod geliebter Menschen oder Tiere.

Du hast dir dieses Buch gekauft oder blätterst zumindest darin herum. Deshalb wissen wir als Autoren, dass du bereit bist, diese Krise nicht ungenutzt an dir vorbeistreichen zu lassen. Wir müssen in diesem Buch zum Glück nicht erst darum werben, dich der Möglichkeit zu öffnen, dass in dieser Krise, so erschütternd sie auch im Moment ist, ein Samenkorn für ein neues Leben stecken könnte.

Eines vorweg: Du hast unser volles Mitgefühl, wir sehen deinen Schmerz, wir sind bei dir. Wir, die Autoren, wollen dich begleiten, unterstützen und dir Mut machen. Wir wollen dich weder pushen noch dir deinen Kummer, deine Wut, deine Verzweiflung ausreden. All das darf, ja, muss da sein. Aber eben nicht immer. Und schon gar nicht für immer.

Wir haben dieses Projekt, dir aus Krisen herauszuhelfen, mit einer Meditations-CD gestartet, die es bereits im Handel gibt.[1] Aus dieser CD ist die Idee entstanden, dir noch mehr Werkzeuge an die Hand zu geben und ein Buch für dich zu schreiben, das du mit dir tragen kannst. Ein Buch, das dich während der Krise begleiten will – wie ein Rettungsanker. Schlage es auf, wenn du einen Impuls brauchst. Vielleicht liest du genau den Satz, der dir gerade jetzt weiterhilft. Wir sind selbst durch viele Krisen gegangen und immer wieder aufgestanden. Wie man aufsteht, egal, welche Faust uns das Leben im Moment ins Gesicht boxt, das zeigen wir dir.

Am Ende kannst du womöglich erkennen: Es war keine Faust. Es war ein unliebsames, unbequemes, schmerzhaftes »Geschenk«, das du genutzt hast, um dich weiterzuentwickeln. Doch keine Sorge: Wir werden dich nicht mit billigen Plattitüden wie »Es ist alles für etwas gut« abspeisen. Wenn das, was dir gerade geschieht, für etwas gut sein soll, dann wollen wir ganz genau wissen, was es ist und wie das Leben auf die Idee kam, dir diese Krise zuzumuten. Denn es ist eine Zumutung. Wir sind an deiner Seite, liebe und lieber Krisengeschüttelte/r, und wir gehen nicht weg, bis du aufgestanden bist, deine Krone gerichtet hast und dich zu neuen Ufern aufmachst.

Eines noch: Aus verlagsinternen Gründen taucht mein Name, Susanne Hühn, nicht als Autorin auf. Dennoch sind wir beide schreibend und mitfühlend für dich da.

In Liebe,
Susanne

P. S. Eines ist uns sehr wichtig – sollte dir die Krise über den Kopf wachsen und du deinen Alltag vor Traurigkeit und Kraftlosigkeit nicht mehr bewältigen können, suche dir bitte unbedingt professionelle Hilfe.

Einführung

Das Leben serviert uns etwas, das wir nicht auf der Speisekarte gefunden haben und das wir ganz, ganz sicher nicht haben wollten. Auch wenn wir bereits die Erfahrung gemacht haben, dass das Leben eine geschmacklose Extramenükarte bereithält, die es uns vorlegt, wann auch immer es dem Chefkoch passt, kommt die Krise doch unerwartet und, zumindest gefühlt, plötzlich.

Wir waren nicht vorbereitet, denn egal, wie sehr wir auch vorausplanten, jetzt ist etwas Unvorhergesehenes passiert, das wir nicht mehr allein und aus eigener Kraft meistern können. Ob wir diese Krise vorausahnten, ob wir sie fürchteten oder ob wir niemals mit ihr gerechnet hätten ... So oder so: Jetzt haben wir den Salat. Wir können den Teller nicht zurückgehen lassen, er bleibt vor uns stehen, bis sein Inhalt vergammelt ist, und auch dann bleibt er auf dem Tisch stehen. Er wird nie wieder abgeräumt, wir müssen ihn essen oder es aushalten, dass er von nun an mit auf dem Tisch unseres Lebens steht, Platz wegnimmt, kein bisschen schmeckt und uns nervt. Das Klügste, was wir mit diesem nicht bestellten, unliebsamen Gericht machen können, ist, es zu essen, zu verdauen, uns das Beste davon zu nehmen und den Rest auszuscheiden. Wenn wir es mit der Hingabe an das Leben völlig übertreiben wollen, könnten wir sogar noch darauf vertrauen, dass es sich bei der Speisenfolge etwas denkt, die es uns serviert, dass wir etwas lernen, dass wir bestimmte Erfahrungen machen sollen, sogar dass es einen perfekten Diätkoch angestellt hat, der genau weiß, was uns wann für unsere Reifung und Persönlichkeitsentwicklung guttut.

Hingabe und Vertrauen ... zu viel? Zu früh?

Gut, fangen wir am Anfang an:

Da steht jetzt etwas auf dem Tisch deines Lebens, das dir Angst macht, dich anekelt und das du nicht einmal sehen willst. Mach dir nichts daraus, es wird nicht besser. Es bleibt stehen, bis du es verdaut hast! Das sagen wir so krass, weil es gut ist, wenn wir das gleich zu Beginn klären. Ignorieren, Hadern, Jammern, in Selbstmitleid verfallen und Gott die Zähne zeigen kannst du machen, es hilft aber nichts. Was dir hilft, ist, voller Mitgefühl für dich selbst anzuerkennen, was los ist, und den Salat oder die eingebrockte Suppe, such dir das Bild aus, Häppchen für Häppchen auszulöffeln. Dann wird dein emotionaler Verdauungsapparat Wunder bewirken und dir neuen Frieden, neue Gelassenheit und innere Freiheit ermöglichen. Er kann das! Dafür ist er da.

Und genau dabei helfen wir dir.

Was ist das, eine Krise?

Eine Krise also ... Eine Krise bezeichnet den Verlust des körperlichen und/oder seelischen Gleichgewichts, häufig geht das eine mit dem anderen einher. Sie entsteht, wenn etwas schon länger im Argen lag und alle Versuche, es wieder gut, heil und gesund zu machen, scheiterten. Möglicherweise hast du es nicht bemerkt, dir ist nichts Hilfreiches mehr eingefallen, deine Rettungsversuche haben nicht gefruchtet. Vielleicht kamen erschwerende Umstände dazu, die dir jetzt endgültig das Gleichgewicht rauben. Du bist überfordert und kannst diese äußeren und inneren Umstände nicht mehr bewältigen. Du wirst handlungsunfähig, bist mutlos, traurig, hoffnungslos, vielleicht auch ärgerlich und wütend. Das vorher bereits vorhandene Ungleichgewicht kippt endgültig, und du musst rasch handeln.

Das bedeutet gleichzeitig auch, du brauchst das Ungleichgewicht nicht mehr länger mit viel Kraftaufwand zu stabilisieren, auszuhalten und zu ertragen!

So katastrophal jetzt gerade alles aussieht, am Ende kommt alles wieder ins Lot. Das Beste, das du jetzt tun kannst, ist, dich von den Wellen tragen zu lassen, auch wenn du sie grauenvoll findest. Dich dagegen zu wehren, kostet nur unnötig Kraft. In der Krise ist das Kind schon in den Brunnen gefallen, es nutzt nichts mehr, sich dagegen aufzulehnen. Es braucht jetzt etwas anderes, nämlich eine Art Anerkennung dessen, was ist. Nicht, es gutzuheißen, sondern zu verinnerlichen, dass passiert ist, was eben passiert ist. Verleugnen hilft dir jetzt nicht weiter, denn die Kraft, neu zu entscheiden und wieder zu handeln, kommt mit der inneren Heilung. Diese aber kann erst erfolgen, wenn du dir erlaubst, die Wunde zu sehen, zu fühlen und zu akzeptieren.

Dein Fahrplan aus der Krise

Wir helfen dir dabei, keine Sorge. Du wirst wieder handlungsfähig, selbstverständlich wirst du das. Aber nicht jetzt. Nicht heute. Wir tun stattdessen etwas anderes: Wir nutzen die Krise als Chance und kümmern uns um das, was dahintersteckt, was zu der Krise geführt haben könnte und was du von nun an anders machen könntest.

Das klingt wie ein Hohn, wenn ein geliebter Mensch krank ist oder gar stirbt. Das nennen wir dann aber auch nicht Krise, sondern Trauerfall. Dann brauchst du möglicherweise dieses Buch, ganz sicher aber eine Trauerbegleitung. Suche dir bitte

Hilfe, lass dich trauern, nimm dir Zeit. Wir fühlen mit dir und sind bei dir. Unsere Schritte in diesem Buch helfen dir aber vermutlich nicht, nicht heute … noch nicht.

Wir zeigen dir mit diesem Buch einen Weg, der dir hilft, Schritt für Schritt aus einer Krise, wie auch immer sie aussieht, gestärkt und gereift herauszukommen. Dieser Weg der Reifung dauert, solange er nun einmal dauert. Veränderungen brauchen ihre Zeit. Mach die Übungen und Meditationen in den einzelnen Kapiteln, so oft du möchtest. Du wirst jedes Mal einen anderen inneren Aspekt erleben und kennenlernen.

Wichtig ist bei allen Übungen und Meditationen, dass du dem, was du in dir wahrnimmst, glaubst. Nein, du bildest dir das nicht ein. Glaube dir! Du siehst vielleicht keine inneren Bilder. Das tun viele Menschen nicht. Doch du weißt auf einmal eine Antwort, du hast ein Gefühl, eine Erkenntnis. Deine innere Wahrnehmung spricht deine Sprache und nutzt die Symbole, die dir vertraut sind. Dein Inneres will dich erreichen, deshalb kannst und darfst du dir vertrauen.

Und so sieht dein Fahrplan aus, das sind die Schritte und Stationen, mit denen wir dich in dein neues Leben und Erleben geleiten wollen:

Schritt 1: Komm erst mal wieder zur Ruhe und finde in all dem Chaos einen inneren sicheren Platz, von dem aus du das, was geschehen ist, anschauen und eine Bestandsaufnahme machen kannst.

Schritt 2: Erkenne, welcher innere Anteil in dir diese Krise als Krise erlebt, und welche inneren Anteile stabil und vielleicht sogar unbeteiligt sind, damit wir wissen, um welchen Anteil wir uns kümmern müssen und welcher Anteil in dir seine Ressourcen zur Verfügung stellen kann.

Schritt 3: Lerne innere Ressourcen und spirituelle Kraftquellen kennen, die jetzt für dich da sein wollen und können. Vielleicht hast du deine inneren Kräfte noch nie so gespürt.

Schritt 4: Mithilfe der neu gewonnenen Kraftquellen kannst du dir die schmerzliche Krise genau anschauen und sogar deinen eigenen Anteil daran erkennen. Wir spinnen das Stroh der Krise zum Gold der Erkenntnis und Heilung.

Schritt 5: Du hast deinen eigenen Anteil an der Krise erkannt und kannst jetzt mit dieser Erkenntnis neue Entscheidungen treffen. Deine inneren Kräfte helfen dir, die Krise zu meistern und deinen Weg auf eine neue und selbstbestimmtere Weise weiterzugehen.

Gefällt dir unser Fahrplan? Auch wenn du dir heute vielleicht noch nicht vorstellen kannst, dass dir diese Krise hilft, neue Kräfte zu entwickeln und zu entdecken, so können wir dir versprechen, dass du dich selbst neu kennenlernen wirst. Was wir von dir brauchen, damit wir dir helfen können, ist deine Bereitschaft, dich noch tiefer auf dich selbst einzulassen, als du das bisher getan hast. Wir geben dir all unser Wissen und unser Mitgefühl, wir sind für dich da! Ob du unsere Hilfe annimmst oder nur drüberliest, das entscheidest du für dich.

Die Tools, mit denen du arbeiten wirst

Damit du Erfolg hast und gestärkt aus der Krise herauskommen kannst, brauchst du deine Vorstellungskraft, aber auch noch Wissen und einige andere Hilfsmittel, um dir selbst näherzukommen und zu lernen, wie du dir selbst helfen kannst.

Innere Bilder

Bilder berühren das Unbewusste in uns und helfen uns, unseren Gefühlen und dem, was wir wirklich wollen und brauchen, näherzukommen.

Innere Anteile

Wir gehen davon aus, dass es in jedem Menschen zahlreiche innere Anteile gibt, die unterschiedliche Bedürfnisse haben und sich in verschiedenen Teilen des Gehirns widerspiegeln. Wir unterscheiden in diesem Buch zwischen dem sogenannten Inneren Kind, das dem Limbischen System, dem Emotionalhirn, zugeordnet ist, und dem Inneren Erwachsenen, der vernünftig, bewusst und abstrakt denken kann und seinen Ursprung im Präfrontalen Cortex, der Großhirnrinde, hat. Diese verschiedenen inneren Anteile mit ihren unterschiedlichen Bedürfnissen, Eigenschaften und Fähigkeiten zu erkennen hilft uns dabei, uns selbst besser zu verstehen, uns nahezukommen und anzunehmen.

Innere Reisen

Die inneren Bilder und die unterschiedlichen inneren Anteile wirst du in geführten inneren Reisen erleben. Während der inneren Reisen interagieren die unterschiedlichen Anteile miteinander, und du lernst dich selbst besser kennen. Wie ein Beobachter kannst du deinen inneren Anteilen zuhören und zusehen, und du lernst, in Kontakt mit ihnen zu kommen und zu kommunizieren.

Natürlich wissen wir, dass es schwierig ist, innere Reisen durchzuführen, wenn man sie nur liest. Deshalb haben wir einige von ihnen auf eine CD[2] gesprochen.

Diese Möglichkeiten kannst du mit dem Buch allein ausprobieren und schauen, welche für dich am besten funktioniert:

- Du führst die innere Reise schon beim Lesen durch. Das ist nicht ganz einfach, doch einige Leser machen es gern.
- Du liest dir die Reise durch, merkst sie dir und erlebst sie nach dem Lesen, indem du sie dir in Erinnerung rufst.
- Du bittest einen Menschen deines Vertrauens, dir die Reise vorzulesen oder sogar auf ein Diktiergerät zu sprechen.[3]
- Die Königsdisziplin: Du selbst bist dieser Mensch, dem du vertraust, und du sprichst die Reise selbst auf ein Diktiergerät oder ein anderes praktikables Gerät auf.

Der bewusste innere Dialog

Wir reden ständig mit uns selbst, wenn auch meist unbewusst. Das ist ganz normal, fast jeder tut das. Wir diskutieren innerlich mit uns selbst und mit anderen, wir machen uns selbst Angst oder versuchen, uns zu beruhigen. Innere Anteile mit verschiedenen Meinungen, Stimmen und Gefühlen liefern sich Wortgefechte und rauben uns den Schlaf. Mithilfe des bewussten inneren Dialogs hörst du diesen einzelnen inneren Anteilen zu, verstehst, was sie brauchen, und kannst auf diese Weise gesunde und vernünftige Entscheidungen für dein Leben treffen.

Eigenschaften, die dir dienlich sind

Damit wir gemeinsam deine Krise meistern können, braucht es neben den beschriebenen Tools auch Fähigkeiten und Ressourcen, die du bereits besitzt und die du bestimmt anderen Menschen oft, manchmal zu oft, zugutekommen lässt. Jetzt ändern wir die Zielgruppe: Du wendest diese Fähigkeiten nicht bei anderen an, sondern bei dir selbst!

Geduld

Es hat einige Zeit gedauert, bis du zu dem Menschen geworden bist, der du heute bist. Wenn wir unser Verhalten und damit unser Fühlen verändern wollen, brauchen wir Geduld mit uns selbst, denn die »alten« Verhaltensweisen sitzen sehr tief.

Bereitschaft zum Mitgefühl

Du bist verletzt. Du selbst, nicht die anderen. Mitfühlend mit dir selbst zu sein, hast du vermutlich nie gelernt. Doch genauso wie jeder andere bist auch du ein empfindsames Geschöpf, das den Wunsch nach Liebe empfindet. Unerfüllte emotionale Bedürfnisse, die zu der Krise geführt haben, sind wie emotionale Wunden. Damit eine solche Wunde heilen kann, braucht es vor allem eines: Mitgefühl. Statt dieses bei anderen zu suchen, lerne, es dir selbst gegenüber zu empfinden.

Bereitschaft, dir Zeit zu nehmen

Es mag ungewohnt sein, doch nimm dir bitte Zeit für dich selbst: um die Übungen durchzuführen, sie nachzufühlen und aufzuschreiben, was dir wichtig erscheint. Damit die Übungen nachhaltig wirken können, brauchst du ein wenig Freiraum, in dem du, bildlich gesehen, die Seele baumeln lassen kannst. Für deine Freundin/deinen Freund könntest du bestimmt sofort eine halbe Stunde aufbringen, wenn sie um Hilfe rufen würde – jetzt bist du an der Reihe. Denn auch, wenn es dir womöglich nicht bewusst ist: Es ruft in dir um

Hilfe. Sonst hättest du erst gar nicht so weit gelesen. Du darfst die Fürsorge und Zeit, die du anderen so bereitwillig schenkst, auch für dich selbst verwenden.

Bereitschaft, an dich zu glauben

»Das ist doch Spinnerei!«, »Das bildest du dir nur ein!« – solche und ähnliche Sprüche kennst du sicher. Doch damit wir mit inneren Bildern und inneren Botschaften arbeiten können, müssen wir bereit sein, das, was wir wahrnehmen, auch wirklich für »wahr« zu nehmen. Sich selbst zu glauben, was man fühlt, ist ein wichtiges Werkzeug, das trainiert werden kann und muss. Sei einfach nur bereit, auszuprobieren und dir zu glauben. Mehr braucht es im Moment gar nicht. Unserer Freundin/unserem Freund sagen wir ja auch: »Vertraue dem, was du fühlst«, oder? Dann gilt das auch für uns selbst.

Bereitschaft zur Ehrlichkeit

Wir sind Meister darin, uns selbst zu täuschen. Leider macht uns Selbstbetrug handlungsunfähig. Auch wenn es verständlich ist, sich schmerzliche Erfahrungen schönzureden, so ist diese Angewohnheit doch wenig hilfreich, wenn wir unser Leben selbst gestalten wollen. Damit wir ein ungünstiges Verhalten verändern können, brauchen wir die Bereitschaft, uns genau anzuschauen, was wir tun, warum wir es tun und was wir dadurch verhindern wollen. Es lohnt sich, ehrlich zu sich selbst zu sein, auch wenn es zunächst schmerzhaft ist.

Bemühen wir ein letztes Mal das Bild des vom Leben servierten Gerichts, um diese Frage zu beantworten: »Bist du bereit, die Gabel oder den Löffel in die Hand zu nehmen, in dem

Wissen, du kommst nicht drumherum, die Krise anzuerkennen, damit du sie meistern kannst?«

Ja? Super!

Statt eines Löffels oder einer Gabel legst du dir bitte von nun an etwas zum Schreiben neben dieses Buch. Es ist sinnvoll, deine Gedanken, Gefühle und Erlebnisse zu notieren, denn dadurch werden sie dir viel bewusster, als wenn du sie nur nebenbei beim Lesen wahrnimmst. Besonders wichtig ist es, deine Erkenntnisse nach den inneren Reisen, die Antworten auf die Coachingfragen, deine Testergebnisse und deine Erfahrungen mit den Übungen aufzuschreiben.

Und los geht's!

Nützliche Begleitung: »Hilfe in miesen Zeiten« in Audio-Form

Gesprochener Text spricht andere Teile unseres Gehirns an als gelesener, daher kann unser gleichnamiger Audio-Ratgeber eine hilfreiche Ergänzung oder auch Alternative sein. In unseren Meditationen und geführten Entspannungen lernst du, zur Ruhe zu kommen, die akute Problematik zu verarbeiten, den gestressten inneren Anteil zu erkennen und aufzulösen, verborgene Kraftressourcen zu aktivieren und deine Widerstandsfähigkeit zu erhöhen. Neben der Heilung deines Inneren Kindes helfen dir neue Impulse bei der Entscheidungsfindung und auf deinem Weg in ein selbstbewussteres, selbstbestimmteres und glücklicheres Leben.

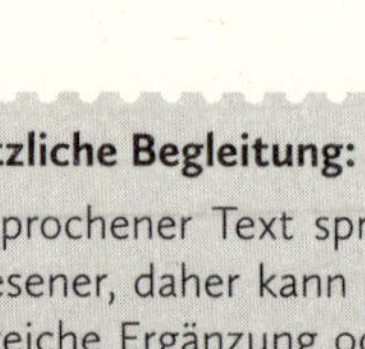

Susanne Hühn und Abbas Schirmohammadi
Hilfe in miesen Zeiten
Heilsame Meditationen: In fünf Schritten persönliche Krisen meistern
Mankau Verlag 2024, ISBN 978-3-86374-722-0
Audio-CD: UVP 14,95 Euro
Download: UVP 9,99 Euro

Schritt 1: Finde Ruhe und neue Sicherheit

Das, was das Leben dir serviert hat, war heftig. Kein Wunder, dass du aufgewühlt und überwältigt bist. Der Boden wurde dir unter den Füßen weggezogen, und du hast deine Mitte verloren. Du willst handeln und gleichzeitig bist du handlungsunfähig, du willst alles retten und kannst doch gefühlt oder auch tatsächlich nichts mehr bewirken.

Was ist denn genau in dir passiert? Etwas von außen, sei es eine Nachricht oder ein Ereignis, hat deine gesamte Energie erschüttert. Du hast, um es physikalisch auszudrücken, einen Quantensprung nach innen gemacht, du hast Energie verloren, dein Bewusstsein und dein Erleben sind auf eine tiefere Ebene gestürzt. Das ist okay, das darf so sein. Denn was in Wahrheit geschehen ist, auch wenn wir das zu Beginn einer Krise ganz sicher nicht so sehen wollen, ist: Du beginnst einen Transformationsprozess bzw. du bist schon mittendrin.

Der Imagoprozess

Machen wir einen Ausflug in die Natur. Hast du schon einmal etwas vom sogenannten Imagoprozess gehört? Das ist das, was in der verpuppten Raupe passiert, wenn sie sich zum Schmetterling entwickelt. Eine Krise ist fast immer ein Teil eines Imagoprozesses, persönlich und global. Stelle dir diese Raupe vor. Sie tut fast nichts anderes, als zu fressen und zu wachsen. Von Beginn an steuert alles in ihrem Verhalten auf die Transformation zu, auch wenn sie selbst das vermutlich nicht weiß. Wenn sie eine gewisse Reife erreicht hat, bilden sich in ihrem Inneren die Imagozellen. Das sind noch keine Schmetterlingszellen, sondern eine Art Vorstufe. Diese Imagozellen enthalten die Informationen des Schmetterlings, sind aber nicht identisch mit den Schmetterlingszellen. Und was macht die Immunabwehr der Raupe? Sie zerstört sie! Erkennt die Raupe also, dass sie gerade eine unfassbare Chance erhält? Nein. Kann sie es verhindern? Nein. Denn bereits jetzt beginnt sich die Raupe zu verpuppen, auch wenn ihr Inneres die neuen Zellen als feindlich einstuft. Noch einmal: Sie verpuppt sich! Sie schafft sich einen sicheren Raum, verliert aber gleichzeitig den Kontakt zu sich und ihrer Umwelt.

Die neuen Zellen wachsen auch im Kokon immer wieder in ihr nach, und ihr Immunsystem wehrt sie weiterhin ab. Nun ist sie also allein in diesem geschützten Raum, und das Neue in ihr wird weiterhin bekämpft. Doch die Imagozellen geben nicht auf. Sie wachsen schneller, als die Immunabwehr sie zerstören kann, und es bilden sich sogenannte Cluster, also Zellhaufen. Noch immer erkennt die Immunabwehr diese Zellhaufen nicht als zur Raupe gehörig, und bekämpft sie. Doch nun verbinden sich einzelne Zellen zu Imagofäden. Diese Fäden vernetzen die Imagocluster miteinander, es entsteht also ein Netzwerk. Und genau jetzt geschieht ein Wunder: Die Immunabwehr erkennt diese miteinander verbundenen Cluster, diese Zellhaufen, plötzlich als zu der Raupe gehörig an, sie akzeptiert den Transformationsprozess und stoppt die Bekämpfung!

Nun kann der Schmetterling in Ruhe heranreifen. Erinnern wir uns: Die Raupe hat vermutlich wirklich nicht die leiseste Idee, was aus ihr wird, doch sie kann den Veränderungsprozess nicht stoppen. Sogar die Immunabwehr bekämpft das wunderbare Neue, das nicht nur in ihr entstehen will, sondern in das sie sich mit Leib und Seele verwandelt.

Nun wird sie also zum Schmetterling, doch der beschwerliche und einsame Weg ist noch nicht zu Ende, denn der Schmetterling muss sich selbst aus dem Kokon herausschälen. Er braucht diesen einsamen Geburtsprozess, er gehört untrennbar zur Transformation dazu.

Und dann, wenn er es endlich geschafft hat, muss er den Mut in sich finden, seine Flügel zu öffnen und zu fliegen.

Doch was hat dieser Prozess mit dir zu tun? Nun, was wäre, wenn diese Krise ein Teil deines persönlichen Imagoprozesses wäre? Schaue dich doch einmal in deinem Leben um. Angenommen, die Krise wäre ein Teil deines eigenen Wachstumsprozesses, was könnte sie dann Positives bewirken? Wir sagen nicht, dass es so ist, keine Sorge. Es ist nur eine Idee, ein Spiel: Was wäre, wenn? Wie wäre es, wenn du dir etwas zum Schreiben nimmst und einfach einmal so tust, als wäre diese Krise ein Teil eines Raupe-zu-Schmetterling-Prozesses? Hier sind einige Fragen, die du nur einmal spaßeshalber beantworten könntest, auch wenn alles gerade ganz schlimm ist. Lass die Fragen ein bisschen in dir wirken, sie aktivieren bestimmte Gehirnbereiche, die anders sind als das, was wir normalerweise Verstand nennen. Sie aktivieren deine Kreativität und deine Problemlösungsbereiche. Antworte also nicht gleich mit »Weiß ich doch nicht«, sondern lass zu, als wüsste dein Inneres die Antworten.

Wenn du willst, sind hier deine Fragen:

- Wenn du einmal annimmst, dass es in dir eine Raupe gäbe, die sich verpuppt hat und sich zu etwas Neuem entwickelt, welchen Lebensbereich könnte das betreffen?
- Angenommen, es wäre wirklich so, wie würde sich der Lebensbereich anfühlen, wenn der Schmetterling schlüpfte?

- Wenn es so wäre, dass sich bestimmte Lebensbereiche zum noch Besseren ändern wollen, auf welche Weise könntest du diese Veränderung unterstützen?
- Auch wenn du nicht weißt, wie, welche Einstellung, welche innere Haltung, welches Verhalten dürftest du ändern, damit sich bestimmte Lebensbereiche positiv erneuern können?
- Wenn du es wüsstest – und wir ahnen, du weißt es gerade nicht, aber wenn du es doch wüsstest –, wie könnte dir genau diese Krise dabei helfen, diese positive Erneuerung auch zu erreichen?

Glückwunsch! Trotz Krise hast du versucht, dich auf eine positive Sichtweise einzulassen, und genau das macht dich wieder zur Gestalterin/zum Gestalter deines Lebens.

Es scheint dir bestimmt dennoch unvorstellbar, dass du trotz der Krise irgendwo wieder Ruhe finden könntest. Du hast deine Sicherheit verloren, deinen festen Halt, sonst wäre das, was passiert ist, keine Krise, sondern nur ein Ereignis. Das Wichtigste ist jetzt, dass du zunächst wieder in die Sicherheit kommst.

Hier sind wir gleich an der ersten Hürde angelangt, nämlich bei der Frage: »Kannst du dir vorstellen, dass du, auf welche Weise auch immer, trotz der Krise und auch, wenn sich im Moment nichts ändert, eine neue, andere Sicherheit finden könntest, von der aus du die Krise meistern kannst?« Wenn ja, dann ist alles wunderbar, und wir können uns gleich mit dir zusammen nach innen wenden. Wenn nein, dann braucht es einen Zwischenschritt.

Deshalb hier dein Zwischenschritt, falls du dir nicht vorstellen kannst, Sicherheit zu erleben, auch wenn die Krise andauert oder gar eskaliert.

Dein Inneres Kind

Es ist sehr wahrscheinlich, dass die Krise insbesondere den Anteil in dir berührt und überfordert, der bereits mit emotionalen Lasten zu kämpfen hat, ob es dir bewusst ist oder nicht: Wir reden hier vom sogenannten Inneren Kind.

Wer oder was ist das?

Das, was wir als kleine Kinder über unsere Beziehungen zu der uns versorgenden Umgebung, in den meisten Fällen also zu Mutter und Vater, gefühlt und gelernt haben, ist auch heute noch im Limbischen System des Gehirns gespeichert und bestimmt in Stresssituationen das Fühlen, das Denken und das Verhalten. Dieses gespeicherte Wissen darüber, wie du am besten in deiner Familie überleben kannst, bildet den inneren Anteil, den wir das Innere Kind nennen. Du hast also gelernt, was du zu tun und zu lassen hast, um dich geliebt, anerkannt und gehört zu fühlen, und warst dabei mehr oder weniger erfolgreich.

Kannst du dir vorstellen, dass dein Bedürfnis danach, einfach geliebt zu werden, weil du da bist, ohne dass du etwas dafür tun musst, schmerzlich unerfüllt blieb?

Kannst du dir ferner vorstellen, dass du auch heute noch nach Liebe suchst, weil du nie gelernt hast, dir selbst diese Anerkennung und Liebe zu geben?

Unser Inneres Kind, das auch heute noch Angst hat, verlassen zu werden und zu versagen, das sich überfordert fühlt und viel zu viel Verantwortung auf sich nimmt, weil es das so gelernt hat, braucht echte emotionale Sicherheit.

Das Gute ist: Wir selbst können lernen, unserem Inneren Kind die emotionale Sicherheit zu geben, die es so sehr braucht. Wenn unser Inneres Kind in uns seinen sicheren Raum gefunden hat, können wir wieder klar denken und vernünftig und angemessen handeln. Wir erkennen wieder, wofür wir verantwortlich sind und wofür nicht, wir behalten das große Ganze im Blick und fühlen uns nicht länger wie das verlassene, traurige Kind, das allein auf weiter Flur steht und nicht mehr weiterweiß.

Wenn du dir in dieser Krise nicht vorstellen kannst, jemals wieder Sicherheit und Geborgenheit zu finden, dann ist dein Inneres Kind in Not.

Schauen wir genauer hin

Reden wir noch ein wenig über diesen inneren Anteil, weil er so wichtig ist. Wenn wir an das Innere Kind denken, dann lächeln wir liebevoll oder auch ein bisschen ironisch und meinen damit den Teil, der mit »Das Kind im Manne«, »Die innere Prinzessin« oder »Pippi Langstrumpf« beschrieben wird. Dieses Kind bekommt ab und zu ein wenig Raum, es darf sich auch einmal ein Eis bestellen, obwohl die Diätpläne dagegensprechen, und es darf vor einem Schaufenster mit Modelleisenbahnen stehen bleiben. Wir sind großzügig, wenn es um die Inneren Kinder geht, ja, sie dürfen spielen, denn sie tragen dazu bei, dass wir uns besser fühlen. Unser Inneres Kind wird so verharmlost und verniedlicht, dass wir oft erschrecken, wenn wir seine wahre Kraft und seinen immensen Einfluss auf unser Leben, seine dramatischen Verletzungen und die unbändige Freude, die es uns bringen kann, zu spüren beginnen.

Es ist das Innere Kind, das leuchtende Augen bekommt, wenn wir uns den verbotenen Eisbecher erlauben. Es ist aber auch das Innere Kind, das uns dazu bringt, andere und uns selbst bis zum Exzess zu kontrollieren und zu vereinnahmen bzw. uns vereinnahmen zu lassen, das so tief einsam ist, dass wir nicht anders können, als Drogen welcher Art auch immer zu nehmen, das diese vage »Ungeborgenheit« und jene Selbstzweifel, die uns immer wieder vor den Abenteuern des Lebens zurückschrecken lassen, in uns hervorruft. Es ist das Innere Kind, das dafür sorgt, dass unsere Beziehungen scheitern, weil wir immer wieder an die gleichen Streitpunkte kommen, die uns im Beruf unzufrieden sein lassen, weil wir nicht für unsere Wünsche und Bedürfnisse einstehen können.

Unser Inneres Kind lässt uns entweder durch das Leben tanzen oder müde dahinschlurfen, je nachdem, wie es ihm geht. Es ist ein Geflecht aus vielen verschiedenen Anteilen, die alle eines gemeinsam haben: Sie spüren und erleben die Dinge direkt und unverfälscht, sie sind die emotionalen Zeugen unserer Vergangenheit. Im Inneren Kind oder, anders ausgedrückt, im Gefühlshirn, dem Limbischen System, ist unsere emotionale Wahrheit gespeichert.

Wenn Gefühle nicht gefühlt werden, dann erstarren sie förmlich. Es ist, als würde die Zeit anhalten und wir selbst gefangen bleiben in der schmerzlichen Situation, ganz egal, wie lange sie schon her ist. Die Krise löst nun genau die Gefühle in dir aus, die du schon so lange zu unterdrücken versucht hast.

Woher kommt das aber, warum heilt die Zeit für das Innere Kind keine Wunden?

Machen wir einen Ausflug in unsere Entwicklung, zurück in unsere Kindheit. Fast jeder wurde verletzt, verlassen, beschämt und nicht verstanden – absichtlich oder versehentlich. Das war nicht weiter schlimm, wenn wir in unserem Schmerz gesehen, gehalten und getröstet wurden. Kinder haben eine starke psychische Widerstandskraft, die sogenannte Resilienz, die dafür sorgt, dass sie psychisch gesund bleiben, auch wenn sich die menschliche Umgebung merkwürdig verhält – das ist wichtig für unser Fortbestehen als Menschheit.

Wurden wir als Kind getröstet und fing jemand unseren Schmerz auf, blieb nicht einmal eine Narbe zurück. Wir machten zwar die Erfahrung, dass wir emotional verletzt wurden, doch dann wurden wir getröstet, die Verletzung heilte, und am Ende haben wir gelernt: Wenn ich verletzt werde, dann fängt mich jemand auf, und ich bin nicht allein damit. Das ist eine gesunde, gute Erfahrung, die uns den Rücken stärkt.

Doch wenn niemand da war, der uns als Kind gehalten, getröstet, in Schutz genommen und in aller Empfindsamkeit gesehen hat, mussten wir uns vor lauter Schmerz und innerer Einsamkeit von uns selbst abspalten und innerlich so tun, als wären wir gar nicht verletzt. Doch das Gehirn, besonders das Angstzentrum, die Amygdala, weiß von der Verletzung und vermeidet ab jenem Moment Situationen, die eine erneute Verletzung dieser Art auslösen könnten. Für die Amygdala gibt es keine Zeit. Verletzungen verjähren nicht. Nur wenn man in einer Schmerz auslösenden Situation gleichzeitig positive, tröstende Erfahrungen macht, hinterlässt der Auslöser keine Spuren.

Statt beschützt zu werden, haben wir oftmals zwei sehr schmerzvolle Erfahrungen gleichzeitig erlebt: Wir wurden verletzt, und wir waren damit allein. Ist es dann ein Wunder, dass wir uns auch heute selbst im Stich lassen, wenn wir uns emotional verletzt fühlen? Wir kennen es ja nicht anders und sind deshalb davon überzeugt, emotionale Kränkungen und innere Einsamkeit gingen zwangsläufig Hand in Hand! So kommt es, dass du nicht nur in einer Krise steckst, sondern dich selbst in dieser Krise auch noch im Stich lassen könntest, wenn du nicht bewusst und achtsam mit dir umgehen würdest – was du ja tust, indem du dieses Buch liest.

Was hat uns als Kind in der schwierigen Situation gefehlt? Ein machtvoller Verbündeter, also jemand, der unverbrüchlich zu uns hielt, uns glaubte und uns beschützte. Das dürfen wir heute für uns selbst sein. Wenn wir das für uns tun, was damals jemand hätte tun müssen, doch nicht tat, dann holen wir die tröstlichen und wärmenden Erfahrungen, die uns als Kind fehlten, nun endlich nach.

Das geht aber nur langsam. Denn das erstarrte Innere Kind hütet in sich die tiefsten Schichten jenes Schmerzes, die wir im Außen auch heute noch durch ein Zuviel an Essen, Rauchen und den ständigen unbewussten Kampf um Liebe in Schach zu halten versuchen. Wenn wir uns jedoch diesem so sehr verletzten Kind nähern und ihm geben, was es braucht, dann können wir aufhören, im Außen, sei es bei den Eltern, beim Partner, im Beruf oder in Freundschaften, jene Anerkennung und Liebe einzuklagen, die wir so dringend in uns selbst finden müssen.

Das Innere Kind in Sicherheit bringen

Um das Innere Kind in uns in Sicherheit zu bringen, müssen wir uns behutsam zu ihm hinwenden. Aber wie?

Die Beziehung zwischen dem Inneren Erwachsenen und dem Inneren Kind, die letztlich einfach nur die Verbindung zwischen Limbischem System und Präfrontalem Cortex symbolisiert, kann man sehr gut durch die jeweils innen hohlen Matroschkapuppen veranschaulichen:

In jeder Puppe steckt eine kleinere Puppe, die wiederum eine noch kleinere in sich birgt. Das Innere Kind, das sind die kleinen Puppen. Die kleinste ist man selbst als Säugling. Es gibt mehrere, man ist ja in verschiedenen Altersstufen Kind.

Alle paar Monate oder Jahre, je nachdem, wie rasch wir uns weiterentwickeln, entsteht die nächstgrößere Puppe und legt sich um alle anderen herum. Sie bringt all das neue Wissen und Bewusstsein mit, das wir in den letzten Monaten und Jahren erworben haben. Im Idealfall ist die jeweils größte Puppe diejenige, die handelt und die Entscheidungen trifft.

Wenn die kleinen Püppchen innen sind und sich die äußeren jeweils um die kleineren herumlegen dürfen, dann sind wir in uns ausgefüllt und in Sicherheit.

Doch was ist passiert? Jedes Mal, wenn wir als Kind verletzt wurden und unsere Gefühle unterdrücken mussten, weil wir weder getröstet noch wahrgenommen wurden, blieben wir in der Situation stecken. Es war, als wäre die entsprechende Matroschkapuppe in der Situation erstarrt und würde von da ab nicht mehr zum Gesamtsystem gehören. Und so wirken wir vielleicht erwachsen und agieren als die größte der Holzpuppen, doch wir fühlen uns innerlich hohl, weil all die kleineren Püppchen in verschiedenen verletzenden Situationen verhaftet sind. Und sie stecken nicht nur fest, sie kämpfen noch immer um Liebe und Anerkennung.

Wir glauben dann, wir seien vernünftig und erwachsen. Doch in Wahrheit versuchen wir nur, nicht mehr verletzt zu werden. Wenn wir unserem Inneren Kind nicht bewusst einen sicheren Platz in uns geben, dann leben wir aus einer Schmerzvermeidungshaltung heraus – ob uns das bewusst ist oder nicht. Deine Krise nun erschüttert die Schmerzvermeidungshaltung und bringt dich in Kontakt mit Existenzangst.

Schmerzvermeidungshaltung

Kinder haben keine Möglichkeit, sich von dem, was sie fühlen, auf gesunde und gereifte Weise zu distanzieren und trotz starker Gefühle handlungsfähig zu bleiben. Kinder können sich emotional nicht selbst halten. Emotionale Fürsorge muss durch die Eltern oder die Verantwortlichen geschehen, denn die Gehirnteile, die dafür sorgen, dass ein Mensch auch bei emotionalem Stress bewusst und handlungsfähig bleiben kann, sind noch gar nicht herangereift!

Das Emotionalhirn, das bei Kindern sehr dominant und aktiv ist, ist entwicklungsgeschichtlich gesehen älter und damit stärker als unser gesunder, erwachsener Menschenverstand, der die Dinge bewusst und analytisch sehen kann. Auch während der Gehirnreifung bleibt das Emotionalhirn impulsiv und unreflektiert. Es verändert sich nicht. Es kommen nur neue Anteile dazu, nämlich z.B. die Großhirnrinde.

Um im Bild der Matroschka zu sprechen:

Die kleinen Holzpuppen bleiben immer klein. Doch mit der Gehirnreifung kommen andere Anteile dazu, die sich als jeweils größere Schicht um die kleinen Püppchen legen. Wenn aber die kleinen Püppchen durch emotionale Verletzungen in bestimmten Situationen eingefroren sind, dann gibt es keinen Kontakt und keine Interaktion zwischen den größeren und den kleinen Puppen. Und so ist es auch im Gehirn. Wenn das Emotionalhirn durch emotionale Verletzungen in Sorge vor Verletzungen, in Scham oder in Angst vor Liebesverlust erstarrt ist, dann interagiert es nicht mehr mit der gereiften Großhirnrinde.

Immer dann, wenn im Moment eine alte Wunde berührt wird, erstarrt der Mensch, wird handlungsunfähig, zieht sich zurück, verteidigt sich oder greift verbal an.

Die Lösung ist, bildlich gesehen, ganz einfach: Die kleinen Puppen müssen aus den beängstigenden Situationen herausgeholt und wieder zusammengesteckt werden. Wenn alle Puppen ineinanderstecken, ist die Matruschka mit sich selbst angefüllt: Sie ist bei sich und stabil!

Die nachfolgende Übung zeigt dir, wie du dein Inneres Kind aus der verletzenden Situation herausholst und ins eigene Innere bringst. Sie hat zwei wesentliche Aspekte, die gleichermaßen wichtig sind.

Erstens: Das Innere Kind wird wahrgenommen und gesehen. Ihm wird geglaubt, und es wird endlich mit dem, was es fühlt, anerkannt.

Zweitens: Das Innere Kind erlebt, dass es nicht mehr allein ist, und es wird aus seiner Einsamkeit erlöst.

Wir gehen jetzt also zusammen auf eine Reise, die dich mit deinem angsterfüllten Inneren Kind in Kontakt bringt. Bevor wir uns um deine Krise kümmern, müssen wir dieses Innere Kind retten, sonst bleibt es in Not, und du kannst die nachfolgenden Schritte nicht umsetzen.

Unsere inneren Reisen und Meditationen führen dich in dein Inneres und helfen dir dabei, wertvolle Persönlichkeitsarbeit zu leisten. Gleichzeitig entspannen sie dich und schenken dir neue Kraft. Um die inneren Reisen und Meditationen zu nutzen, hast du mehrere Möglichkeiten:

- Bitte eine vertraute Person, die Reise mit dir durchzuführen. Du schließt deine Augen und entspannst, während dein Gegenüber, am besten zu entspannender Hintergrundmusik, den Text vorliest und dich in einem achtsamen, passenden Tempo durch die Meditation führt. Folge dem Gehörten und erfülle so die Reise.
- Wenn du schon viel Erfahrung mit Meditationskonzepten hast, kannst du die Reisen auch allein durchführen, indem du sie dir zuerst ein paar Mal durchliest, um Inhalt und Ablauf zu kennen, und dann selbstständig in die Entspannung gehst und die Reise in der vorgegebenen Reihenfolge im Geiste absolvierst.
- Und natürlich kannst du auch unsere Begleit-CD[4] (diese ist natürlich auch als Download erhältlich) nutzen, auf der Susanne fünf Reisen eingesprochen hat.

Innere Reise: Rettung für das Innere Kind

Mach es dir bequem, schließe deine Augen und entspanne dich. Bitte deinen Körper, dir zu zeigen, an welcher Stelle die alte Verletzung, die durch die Krise aktiviert wird, gespeichert ist. Du fühlst das als Enge, als Schmerz, als Atemnot, als Verspannung. Atme bewusst in diese Stelle hinein, fühle sie. Lege deine Hände auf die Körperstelle.

Bitte deinen Körper, dir jetzt den Schmerz, die Verspannung, die Atemnot, die Übelkeit als Gefühl zu zeigen. Nun fühlst du vielleicht etwas.

Jetzt kommt dir eine wichtige Erinnerung in den Sinn: Glaube dir selbst. Es zeigt sich eine jener altbekannten und beängstigenden Situationen, die durch die Krise erneut berührt werden.

Nimm dich selbst in dieser Situation wahr. Erkenne, wie alt du bist und wie du aussiehst. Schaue genau hin und vertraue deinen inneren Bildern!

Beantworte in Gedanken folgende Fragen, so gut du es gerade kannst:

- ☆ Wie geht es deinem damaligen Ich?
- ☆ Was ist geschehen?
- ☆ Worin bestand die Verletzung?
- ☆ Was fühlt dein jüngeres Ich?

Nun stelle dir bitte vor, dass du als der Erwachsene, der du jetzt bist, mit in diese Situation hineinkommst. Gehe zu deinem jüngeren Ich. Nimm es in den Arm, stelle dir das einfach vor. Hole dein jüngeres Ich aus der Situation heraus, wie du das für deinen besten Freund oder dein Kind tun würdest. Gib ihm Trost und Halt. Sage deinem jüngeren Ich: »Ich sehe dich, ich höre dich und ich nehme dich wahr. Ich bin jetzt für dich da. Ich bin gekommen, um dich zu retten.«

Nimm wahr, was sich dadurch in dir verändert.

Visualisiere: Du gehst zu den Menschen hin, die dein jüngeres Ich verletzt oder im Stich gelassen haben. Stelle dich vor diese Personen hin und sage ihnen laut und deutlich: »Ich erlaube nie wieder, dass ihr dieses Kind verletzt. Ich nehme dieses Kind ab sofort zu mir. Es steht jetzt unter meinem mächtigen Schutz.«

Du beschützt dein jüngeres Ich also, als wäre es ein eigenständiges Wesen, für das du verantwortlich bist.

Verlasse nun mit ihm zusammen das Zimmer und das Haus, in dem ihr seid. Stelle dir vor, du gehst mit ihm einen wunderschönen Weg entlang, der gleich hinter dem Haus beginnt. Dieser Weg führt durch ein Tor in eine zauberhafte Landschaft. Ihr passiert das Tor, und auf einmal fällt alles Schwere von deinem jüngeren Ich ab. Alles, was verletzt oder beschämt war, verschwindet, und es atmet auf.

Ihr geht zusammen den Weg weiter. Dieser führt euch in eine sehr natürliche, gepflegte Parklandschaft. Hier kann sich dein jüngeres Ich ausruhen, hier ist es sicher. Es gibt zahme Tiere, große Bäume, Sitzplätze und Liegeflächen in diesem Park, und dein jüngeres Ich fühlt sich sehr wohl. Erlaube ihm, einfach hierzubleiben, in dir, damit es sich entspannen und neue Kraft schöpfen kann. Hier heilt es, hier bekommt es alles, was es braucht, damit die alten Verletzungen nach und nach verschwinden.

Lass dann die inneren Bilder los, und komm wieder zurück in den Raum, in dem du dich befindest. Öffne dann deine Augen und spüre nach.

Sich selbst zu retten ist eines der stärksten Mittel, um Selbstvertrauen zu erlangen und innerlich frei zu werden. Den Schulterschluss mit sich herzustellen, die Abspaltung von sich selbst aufzuheben und sich selbst zur Seite zu stehen führt dazu, dass wir authentisch, voller Zuversicht und Leichtigkeit die Welt gestalten können, ohne Angst zu haben, nicht mehr geliebt zu werden. Wir lieben uns selbst, wir sind in Kontakt mit uns, wir kümmern uns um unsere verletzlichen inneren Anteile. Das hilft uns, in uns den Raum zu finden, den wir brauchen, um Krisen meistern zu können. Damit du deinem Inneren Kind von nun an ein sicheres Zuhause bieten kannst, schlagen wir dir nachfolgend eine innere Reise vor. Sie ist als Werkzeug gedacht, welches du jeden Tag anwenden kannst, auch ohne Krise. Dein Inneres Kind gehört, wie der Name schon sagt, nach innen, nicht in die Außenwelt, und schon gar nicht sollte es Leidtragender der Krise sein.

Lies diese innere Reise, bevor du sie durchführst, damit du weißt, worauf du dich einlässt.

Innere Reise: Der Zaubergarten des Inneren Kindes

Lege dich entspannt hin und schließe deine Augen. Komm zur Ruhe. Vor deinem inneren Auge entsteht eine wunderschöne Landschaft, in der du dich sicher und wohl fühlst. Es gibt einen Pfad, und du gehst ihn entlang.

Auf einmal entdeckst du ein kleines Kind, dein Inneres Kind.

Nimm das Kind in die Arme, wenn du möchtest und wenn es das Kind zulässt. Sage ihm: »Ich bin jetzt da. Ich sehe dich, ich höre dich und ich nehme dich wahr.« Erkläre ihm, dass du einen wunderbaren Ort kennst, einen Zaubergarten, in dem es behütet und geschützt ist und nie wieder einsam sein muss. Es ist sein inneres Zuhause. Hier wird es nie wieder verletzt werden, es darf sich endlich entspannen und bekommt, was es braucht.

Ihr geht gemeinsam den wunderschönen Weg weiter. Dieser führt euch zu einem zauberhaften Garten. Es ist ein Ort voller Liebe, Heilung, Schutz und Geborgenheit. Das Kind, das dich begleitet, hat hier sein Zuhause und erkennt das jetzt auch.

Ein liebevolles Wesen tritt auf dich zu. Es begrüßt dich und das Kind herzlich, und sagt zu dir: »Ich bin der Hüter dieses Ortes. Bei mir ist dein Inneres Kind sicher. Es bekommt hier alles, was es braucht. Du kannst mir vertrauen und es mir immer dann überlassen, wenn du im Außen als Erwachsener reagieren musst und willst.«

Es erleichtert dich sehr zu wissen, dass dein Inneres Kind nun einen idealen, sicheren Ort hat, an dem es bekommt, was es braucht, wo es behütet ist und genährt wird. Wann immer du von nun an bemerkst, dass dein Inneres Kind Verantwortung für eine schwierige Situation übernehmen will, kannst du dich daran erinnern, das Innere Kind in sein Zuhause zu bringen. Atme tief, und öffne deine Augen.

Jetzt ist dein Inneres Kind in Sicherheit. Kannst du dir nun besser vorstellen, dass du trotz dieser Krise einen Halt in dir finden oder neu entwickeln kannst? Damit du bereit wirst, zumindest ein wenig zur Ruhe zu kommen, ist es wichtig, dass du zunächst alles, was dich ärgert und schmerzt, was dir Angst macht und was dich stresst, aussprichst. Du musst gehört werden, vorher wird es in dir keine Ruhe geben.

Lerne, dir zuzuhören

Stelle dir doch einmal vor, du sitzt mit uns beiden, Susanne und Abbas, an einem gemütlichen Kaminfeuer. Wir reichen dir eine Tasse Tee oder Kaffee, wir schauen dich an und du hörst die Frage: »Was ist eigentlich ganz genau passiert?«

Schon spürst du sicher, wie die Gefühle in dir hochkochen, wie du sehr emotional wirst. Lass uns doch einmal ganz genau hinschauen, wie du dich gerade fühlst.

Auch wenn du es dir in deiner Krise vielleicht nicht vorstellen kannst: Damit du wieder klar denken und fühlen sowie neue Entscheidungen treffen kannst, darfst du dir jetzt erlauben, erst einmal zur Ruhe zu kommen. In diesem angespannten, verletzten, verängstigten, beschämten oder wütenden Zustand kommst du nicht weiter, so verständlich und angemessen deine Gefühle auch sind.

Lass uns folgende Fragen an dich stellen:

- Wenn du es wüsstest, was würde dir helfen, um wieder zur Ruhe zu kommen, auch wenn sich die Situation nicht sofort ändert?
- Wie könntest du dir das, was dir hilft, in dir erzeugen, und wie könntest du es dir holen?

Sicherlich wirst du schon jetzt spüren, dass es Anteile in dir gibt, die gar nicht zur Ruhe kommen wollen, und das darf so sein. Sie müssen und wollen erst gehört werden.

Schon lernst du durch deine Krise eine wichtige Lektion: Damit wir uns beruhigen können, damit wir unsere Mitte wiederfinden, müssen wir uns erst selbst zuhören. Es nutzt nichts, wenn wir uns beschwichtigen und uns mit positivem Denken von unseren Gefühlen ablenken wollen, auch wenn das schon einmal sehr viel besser ist, als uns völlig von unseren Emotionen überwältigen zu lassen. Positive Sätze wollen uns helfen und Mut machen, doch gleichzeitig fühlen wir uns manchmal auf seltsame Weise nicht gesehen, unverstanden, sogar missachtet, wenn uns jemand ermutigen will, bevor er uns zuhört. Deshalb unsere Versicherung an dich:

Wir sehen dich, wir hören dich und wir nehmen dich wahr! Deine Gefühle stimmen, und ja, es ist schlimm. Du hast ein Recht auf deine Gefühle.

Finden wir zunächst gemeinsam den Ort in dir, in dem emotionale und mentale Ruhe herrscht und in dem du dich wieder selbst spürst.

Innere Reise: Der innere Ort der Ruhe

Mach es dir so bequem wie möglich. Es gibt in diesem Moment nichts für dich zu tun. Du brauchst niemandem zu gefallen, es niemandem recht zu machen, niemanden retten. Es geht jetzt nur um dich und dein Wohlbefinden. Du darfst es dir erlauben, nach innen zu lauschen und dich selbst zu spüren, dir zuzuhören und dich auf vielleicht nie gekannte Weise neu zu erleben.

Schließe deine Augen. Lass deinen Atem kommen und gehen. Spürst du ihn? Jetzt kannst du noch ein wenig tiefer atmen, dir selbst mehr Raum geben.

Deine Gefühle sind aufgewühlt, gleichzeitig atme noch ein wenig tiefer. Kannst du dir dabei ein inneres Bild vorstellen? Probieren wir es aus. Stelle dir ein Tor vor. Lass das Tor einfach so sein, wie es dir erscheint. Es muss kein besonderes Tor sein, auch wenn es das sein darf.

Ob besonders oder nicht, jetzt siehst du dein Tor. Dieses Tor führt dich in deine innere Welt, dahin, wo alles gut und in Ordnung ist. Während du normal weiteratmest, gehst du gemächlich durch dein Tor. Das ist ganz leicht, gerade so, als gingest du gemütlich spazieren. Hinter dem Tor findest du eine traumhafte Landschaft. Egal, wie sehr die Welt da draußen dich stressen mag, hier ist alles friedlich und schön.

Ein Weg führt durch diese Landschaft, und du gehst ihn entlang. Wie von selbst wirst du immer ruhiger. Dein Atem fließt entspannt und regelmäßig, deine Schritte sind ruhig und gleichmäßig. Der Weg führt dich weiter durch die Landschaft. Sie ist genauso, wie du es liebst, und du fühlst dich besser und besser.

Dein Weg führt dich zu einem sehr wichtigen Ort: deinem inneren Rückzugsort. Vielleicht kennst du ihn schon, vielleicht ist er ganz neu für dich. Du gelangst jetzt an einen Platz, der genau so ist, wie du es brauchst, damit du zur Ruhe kommen kannst und dich sicher fühlst. Es kann eine gemütliche Liege in der Landschaft sein, ein üppig ausgestattetes Zelt, eine Gartenlaube oder eine uneinnehmbare Trutzburg. Male dir deinen idealen sicheren Ort so aus, wie du ihn haben willst. Vielleicht ist er nicht einmal von dieser Welt, sondern befindet sich auf einem fernen Planeten – in deiner Innenwelt ist alles möglich!

An deinem Ort der Ruhe und Sicherheit herrscht ein ganz besonderes Licht. Dieses Licht scheint fast flüssig zu sein und hat eine tief beruhigende und heilsame Kraft. Egal, was im Außen geschieht, hier kommt immer alles wieder in Ordnung, das spürst du. Jetzt betrittst du deinen sicheren Ort und damit auch das Kraftfeld des heilsamen Lichtes.

Augenblicklich erlebst du, dass du wieder in deiner Mitte ankommst. Das flüssige Licht ist wie ein Balsam, der sich um deine aufgewühlten Nerven legt und dir Ruhe und Frieden schenkt. Du spürst, wie ruhebedürftig du bist und wie gut es dir tun würde, dich auszuruhen. An diesem Ort gibt es eine sehr gemütliche Liege, und du machst es dir bequem. Auf einmal kommt es dir vor, als würde das heilsame, flüssige Licht in dich einfließen. Das fühlt sich sehr beruhigend und wundervoll an. Du weißt, du kannst diesem Licht vertrauen. Es fließt nach und nach zu den angespannten Stellen in deinem Körper, und wie durch ein Wunder entspannen sich diese Stellen von selbst. Du bemerkst, wie ein dunkles Wasser aus dir herausfließt, immer mehr, je mehr vom heilsamen flüssigen Licht in dich einströmt.

Das Dunkle sind deine Sorgen, deine Ängste, deine Scham, deine Wut, deine Verletzungen, all das, was dich belastet. Dieser Prozess fühlt sich sehr gut an, du kannst es einfach aus dir herausfließen lassen. Es geschieht von allein. Das Dunkle versickert in der Erde und wird dort zu reinem, nährendem Wasser. Immer mehr des flüssigen Lichtes strömt in dich ein. Jetzt bist du ganz und gar davon erfüllt. Du fühlst dich vollkommen ruhig und sicher.

Auf einmal hörst du eine sehr liebevolle und beruhigende Stimme sagen: »Ich bin immer bei dir. Ich hüte dich. Ich bin dein Schutzengel und sehe dich.« Egal, was du bisher von Schutzengeln gehalten hast, das hier fühlt sich vollkommen echt und real an, und das ist es auch. In dir lebt eine Kraft, die mit einem höheren Bewusstsein verbunden ist, und diese Kraft spürst du jetzt.

Sie schenkt dir noch mehr Ruhe und inneren Frieden. Du fühlst dich gehalten und rundum beschützt. Das flüssige Licht strömt immer noch in dich ein und löst auch die letzten Reste deiner Anspannung. Es kann sein, dass nicht alles, was sich in dir an Spannung gesammelt hat, zu dir gehört.

Du hast womöglich auch die Anspannung anderer Menschen übernommen, vielleicht sogar die deiner Eltern oder Großeltern. Oder diese Anspannung war schon immer da, und du spürst sie jetzt durch diese Krise. Sei beruhigt: Das flüssige Licht löst nach und nach jede Spannung, auch die, die nicht zu dir gehört. Diese Negativität fließt wie dunkles Wasser aus dir heraus, versickert in der Erde, wird dort gereinigt und zu klarem Wasser gefiltert.

Du genießt diesen Zustand des inneren Friedens und der Ruhe mehr und mehr, und du kannst dir das auch erlauben, denn du weißt: Du wirst dir die Themen deiner Krise anschauen, doch nicht jetzt. Du wirst sie aufarbeiten und neue Lösungen finden, doch nicht in diesem Moment. Du erkennst, dass dieser Zustand der inneren Ruhe die Basis für neue Lösungen sein wird, und deshalb kannst du dich noch mehr hineinfallen lassen. Du begreifst, dass du aus diesem inneren Zustand der Gelassenheit heraus sehr viel stärker und klarer sein kannst, als wenn du aufgeregt und panisch nach Lösungen suchst. Weil das so ist, lässt du dich jetzt noch bewusster in den heilsamen und kreativen Zustand der Ruhe hineinfallen, und auch die letzten Reste von Kontrolle und Anspannung verschwinden. Du entscheidest dich dafür, von nun an in der Ruhe und in der Gelassenheit zu bleiben, und das fühlt sich neu an.

Du erkennst, dass dein Zustand der inneren Ruhe keine Flucht oder Auszeit darstellt, sondern die Basis für eine wahrhaft schöpferische Lebensgestaltung ist. Deshalb stehst du jetzt von deiner Liege auf, atmest das heilsame

Licht noch einmal tief ein und entscheidest dich, langsam und in deiner Zeit den Weg zurückzugehen, der dich durch dein Tor in die Außenwelt führt. Du nimmst die Ruhe und die Gelassenheit mit als neue Basis für deine Entscheidungen. Du weißt, der sichere Ort und dein Schutzengel sind nur einen Gedanken weit entfernt, und du hast jederzeit Zugriff auf das beruhigende Licht in dir. Weil das so ist, kannst du jetzt getrost und getröstet durch dein Tor in den Raum zurückkehren, in dem du dich befindest. Öffne deine Augen und nimm dir Zeit, wieder hier anzukommen.

Wie geht es dir jetzt?

Wir wollen dir nun eine fantastische Methode vermitteln, mit der du dich jederzeit entspannen und zur Ruhe kommen kannst, auch in der Krise.

Entspannung durch Autogenes Training

Entspannung wird praktiziert, seit es Menschen gibt. Schon früh erkannte man, wie wichtig ein meditativer Zustand für Gesundheit und Wohlbefinden ist, aber auch, um Krisen abzumildern und einen klaren Kopf zu bewahren. Im Laufe der Jahrtausende wurden unterschiedlichste Entspannungsmethoden entwickelt. Einer unserer Favoriten ist das Autogene Training (AT). Ich, Abbas, habe diese Technik 1997 von meinem geschätzten Vater, Dr. Reza Schirmohammadi, gelernt, bevor ich mein Elternhaus in der Eifel als Neunzehnjähriger Richtung München verließ. Seitdem begleitet mich das Autogene Training täglich. Ein Leben ohne AT kann ich mir nicht vorstellen. Diese Technik hilft mir dabei, in meiner Mitte zu bleiben bzw. wieder dorthin zu kommen.

Ich unterrichte AT seit sechzehn Jahren und habe schon mehr als 10 000 Menschen ausgebildet. Die Vorteile dieser genialen Methode liegen auf der Hand: AT kann jederzeit und überall praktiziert werden, seine Wirksamkeit ist in Hunderten wissenschaftlicher Studien belegt, die Erfolgsquote beträgt etwa neunzig Prozent, die positive Wirkung stellt sich schnell ein. AT ist sehr einfach zu erlernen und kann von Jung bis Alt durchgeführt werden, hat keine Nebenwirkungen, ist weltweit anerkannt, leistet eine hervorragende Entspannung für Körper, Geist und Seele.

Na, spricht dich das an? Dann lies weiter, denn jetzt erkläre ich dir, wie das Autogene Training genau funktioniert.

Wie funktioniert das Autogene Training?

Im Autogenen Training wird eine Programmierung vorgenommen. Wir sprechen unser vegetatives Nervensystem an, das unter anderem für Herzschlag, Blutdruck, Atmung und Gefäße verantwortlich ist und aus Sympathikus und Parasympathikus besteht. Der (tagsüber stärkere) Sympathikus ist der aktive, antreibende Part (Arbeit, Stress, Anspannung), während der (abends und nachts stärkere) Parasympathikus sein beruhigendes, lösendes Gegenüber darstellt (Ruhe, Entspannung, Erholung). AT bewirkt, wenn wir es ausüben, eine direkte Umschaltung aus dem hektischen Alltag auf Ruhe und Entspannung, wir erzielen eine Harmonisierung unseres gestörten vegetativen Gleichgewichts. Gerade in Krisenzeiten kann es uns helfen, Abstand zum Geschehenen zu bekommen und sich erst einmal zu stabilisieren und langfristig deutlich besser mit der Krise umzugehen.

AT funktioniert mit Suggestionen. Die Suggestion (psychische Beeinflussung eines Menschen) ist eines der ältesten Heilmittel der Medizin. Auf einem ägyptischen Papyrus aus dem 16. Jahrhundert v. Chr. wird über suggestive Behandlungsmaßnahmen geschrieben: »Lege die Hände auf ihn, um den Schmerz der Arme zu beruhigen, und sage, dass der Schmerz verschwinden wird.« Ab 1841 erkannte der schottische Arzt James Braid die physiologischen und psychischen Voraussetzungen des künstlich hervorgerufenen schlafähnlichen Zustandes und setzte Hypnotisierung als medizinisches Behandlungsverfahren ein. Ende des 19. Jahrhunderts experimentierte der deutsche Hirnforscher Oskar Vogt mit Selbsthypnose und wandte diese als prophylaktische Ruhepause bei Patienten mit wachsenden Erregungs- und Anspannungssituationen an. 1926–1932 entwickelte dann der deutsche Arzt und Psychologe Dr. Johannes Heinrich Schultz das Autogene Training, das seitdem als bewährte Entspannungsmethode weltweit genutzt wird.

Das AT-Grundstufen-Programm dauert etwa 20 Minuten, aber auch Kurzformen sind effektiv. AT kann man selbst machen, indem man eine Übungs-CD hört oder sich die vorgegebenen Formeln im Geiste vorsagt. Meditationsmusik im Hintergrund hilft, um schneller und tiefer in die wohlige Entspannung hineinzukommen. Das Autogene Training kann im Sitzen oder im Liegen praktiziert werden.

Die AT-Grundstufe besteht aus sieben aufeinanderfolgenden Übungsparts und -themen:

1. Ruhe
2. Schwere
3. Wärme
4. Atem
5. Herz
6. Sonnengeflecht
7. Stirn

1. Die **Ruheübung** hat die Suggestion »Ich bin ruhig und entspannt«. Man soll das Entspannen geschehen lassen, damit es von selbst kommt, die Gedanken, die noch da sind, ziehen lassen. In der absoluten Ruhe, die sich wie ein schützender Mantel um einen legt, folgen die nächsten Übungen.

2. Die **Schwereübung** nutzt die Vorstellung »Mein Körper ist angenehm schwer«. Die Suggestion bewirkt eine wohlige Müdigkeit und Gliederschwere. Durch das Schweregefühl gewinnt man Abstand zu allem Belastenden. Die Muskeln lockern sich, die Entspannung wird vertieft.

3. Die **Wärmeübung** lautet »Mein Körper ist angenehm warm«. Bei dieser Gefäßentspannung wird eine innere strömende Wärme empfunden. Es kommt zur entspannenden Gefäßerweiterung.

4. Mit der **Atemübung** »Mein Atem ist ruhig und gleichmäßig« findet der Übende seinen optimalen Atemrhythmus. Ziel ist eine konzentrative Einstellung auf das Atmen, sich des Rhythmus bewusst zu werden und die Wirkung zu spüren. Unendlichkeit soll empfunden und das steuernde Prinzip in sich wahrgenommen werden.

5. Die **Herzübung** lautet »Mein Herz schlägt ruhig und gleichmäßig«. Alternativ kann sich auf den Puls konzentriert und dieser gespürt werden.

6. Es folgt die **Sonnengeflechtsübung.** »Mein Sonnengeflecht ist strömend warm.« Das Sonnengeflecht ist ein Geflecht von Nervenzellen und -schaltstellen, das unterhalb des Zwerchfells zwischen Brustbein und Bauchnabel liegt. Es regt den Stoffwechsel an, fördert die Verdauung, beeinflusst Magen, Darm, Leber, Gallenblase, Bauchspeicheldrüse und die Sexualdrüsen. Das erfolgreiche Durchführen dieser Übung gilt als magischer Schlüssel für viele heilsame Umschaltungen im Organsystem.

7. Den Abschluss liefert die **Stirnübung** »Meine Stirn ist angenehm kühl«. Hier ist das Ziel, einen klaren und freien Kopf zu bekommen. Eine Leistungssteigerung kann programmiert werden. Neue Denkwege (Engramme) werden ermöglicht. Einmal damit vertraut, ist die Erhöhung der Konzentrationsfähigkeit selbstverständlich.

Alle Formeln werden sechsmal genannt, eine Ausnahme bildet die Stirnformel (dreimal).

Dann wird die Entspannungshaltung mit einem festgelegten Ritual gelöst:

- Hände zu Fäusten ballen, Arme beugen und strecken
- Tief atmen
- Augen auf, recken und strecken, Zurücksein im Hier und Jetzt, nachfühlen

Das Autogene Training ist eine hervorragende Entspannungsmethode, um Gesundheit zu erhalten und zu fördern sowie einen klaren Kopf zu bekommen. Darüber hinaus sind Linderung bis Heilung körperlicher sowie psychischer Probleme und Erkrankungen zum Beispiel bei Angststörungen, Allergien, Burn-out, Durchblutungs-, Herzrhythmus- und Konzentrationsstörungen, Kopfschmerzen, Magen-Darm-Beschwerden, Muskelverspannungen, Schlafstörungen, Schmerzen, Sexualstörungen, Stress, Tinnitus und Wechseljahresbeschwerden wissenschaftlich belegt. Aber eben auch in der Krise und zur Krisenbewältigung kann dir AT gute Dienste leisten.

Im Folgenden erhältst du von uns den genauen Anleitungstext, um selbstständig das Autogene Training (Grundstufe) praktizieren zu können. Lies dir zuerst die Anleitung durch, dann konzentriere dich auf den Ablauf und übe.

Einführung in das Autogene Training

Lege oder setze dich bequem hin. Schließe deine Augen und atme ein paar Mal tief ein und aus – beim Ausatmen lass alle Gedanken ziehen. Atme ruhig weiter und lockere alle Muskeln deines Körpers. Schaffe dir deinen persönlichen Wohlfühlort, den Happy Place.

Denke und fühle: Ich bin ruhig und entspannt (sechsmal). Konzentriere dich auf deinen Körper und stelle dich auf eine angenehme Schwere ein. Denke und fühle: Mein Körper ist angenehm schwer (sechsmal).

Stelle dich nun auf eine wundervolle Wärme ein. Denke und fühle: Mein Körper ist angenehm warm (sechsmal).

Spüre deinen Atem: Mein Atem ist ruhig und gleichmäßig (sechsmal).

Leite deine Aufmerksamkeit auf dein Herz: Mein Herz schlägt ruhig und gleichmäßig (sechsmal).

Konzentriere dich auf dein Sonnengeflecht und spüre: Mein Sonnengeflecht ist strömend warm (sechsmal).

Wandere hoch zu deiner Stirn: Meine Stirn ist angenehm kühl (dreimal). Genieße diesen wunderschönen und herrlich entspannten Zustand!

Bereite dich dann darauf vor, die Entspannung zu beenden. Balle deine Hände zu Fäusten, beuge deine Arme, atme tief ein und aus, recke und strecke dich. Öffne deine Augen, und du bist hellwach, frisch, mit einem klaren Kopf und voller Energie zurück im Hier und Jetzt. Dir geht es gut!

Und, wie war das für dich? Wenn dir die Methode des Autogenen Trainings gefällt, gibt es sogar noch die Oberstufe. Hier soll ein Problem mittels Suggestion so weit gelöst werden, dass man Linderung bis Heilung erfährt. Über die Ursache des Problems, in dem Fall deine Krise, wird nur wenig ausgesagt. Es geht zudem um vertiefte Selbsterkenntnis und Charakterbildung, um Klarheit und Persönlichkeitsentwicklung. Für dich als Betroffenen in der Krise eine spannende Möglichkeit, um dich positiv zu programmieren und Wege aus dem Tal zu finden.

Die sieben Übungen der AT-Oberstufe sind:

1. Farberlebnisse
2. Wahrnehmung konkreter Gegenstände
3. Schau abstrakter Werte
4. Übungen zur Charakterbildung und zum Vertiefen der Selbsterkenntnis
5. Reise auf den Meeresgrund
6. Reise auf den Gipfel eines Berges
7. Eigene Bilder mit bestimmten Zielsetzungen

Zum Bewältigen deiner Krise sind vor allem die Übungen 4, 5 und 6 interessant, die wir dir im Folgenden näher vorstellen.

Charakterbildung und Vertiefung der Selbsterkenntnis

Bei den Charakterbildungsübungen (4) geht es um Selbsterkenntnis und Weiterentwicklung.

Bei der **Spiegelübung** stellst du dir bei geschlossenen Augen vor, wie du vor einem großen Spiegel stehst. Nun entwickelt sich dein eigenes Spiegelbild. »Ich sehe mich in diesem Spiegel so, wie ich gerade bin.« Das Bild wird klarer. Du beobachtest dein Spiegelbild, wie du aussiehst, wie du dich fühlst, was dir an dir gefällt und was nicht.

Dann kannst du dein Spiegelbild fragen, wie es ihm geht, was es gern hätte, wie du ihm in der und durch die Krise helfen kannst, ob es dir etwas sagen möchte etc. Wie ein Künstler kannst du nun dein Spiegelbild optimieren, dabei die Krise entschärfen und dann das neue, positivere Bild abspeichern. Ja, du kannst dein Spiegelbild und die dargestellte Ist-Situation verschönern und glücklicher gestalten!

Während sich dein Spiegelbild dann zurückzieht, kommst du wieder an im Hier und Jetzt.

Diese Übung ist sehr hilfreich, da du deinen Ist-Zustand über dein Unterbewusstsein stärkst und dir somit neue Energie und Kraft schenkst.

Die **Türübung** kannst du nutzen, um mögliche hilfreiche Antworten und Hinweise zu finden, die dir beim Lösen deiner Krise behilflich sein können.

Bei geschlossenen Augen stellst du dir vor, du stehst vor einer Tür, die nach außen zu öffnen ist. An der Wand befindet sich eine Tafel. Auf diese Tafel kannst du nun eine Frage zu deiner Krise stellen, z.B.: »Wie kann ich meine Krise meistern?« oder »Was will mir diese Krise sagen?« In der Hand hast du einen Zauberstab und einen Zauberring, die folgende Themen symbolisieren: Zurückkehren an den Start und Licht. Die Zuordnung ist beliebig.

Nun öffnest du die Tür und gehst durch diese hindurch. Vielleicht kommst du in einen Raum, auf eine Wiese, in eine Höhle, ein Labyrinth, auf einen Berg, in eine Fantasiewelt etc. Alles ist möglich. Jeder Mensch erlebt etwas anderes. Hier (im Unterbewusstsein) bist du aufmerksam und versuchst, Antworten auf deine gestellte Frage zu erhalten.

Halte dich hier so lange auf, bis du spürst, dass es für diesmal genug und Zeit ist zurückzukehren. Dann schließe die Tür hinter dir, wische die Frage von der Tafel und danke deinem Unterbewusstsein für diesen spannenden Einblick.

Speichere die gewonnenen Erkenntnisse ab und kehre mit diesen zurück ins Hier und Jetzt.

Diese Übung mag dir wertvolle Erkenntnisse und Antworten schenken auf Fragen, die du im Bewusstsein für dich nicht beantworten kannst. Vertraue deiner inneren Weisheit!

Innere Reise auf den Meeresgrund

Diese Übung ist eine Begegnung mit dem Unterbewussten – die tiefgreifendste Übung der AT-Oberstufe.

Bei geschlossenen Augen und bereits in Entspannung stellst du dir vor, du stehst an einem wunderschönen Strand am Meer. Es ist ein warmer Sommertag. Nimm das herrliche Szenario wahr, und fühle dich wohl.

Nun möchtest du eine Reise zum Meeresgrund machen. Du hast wieder Zauberring und Zauberstab dabei. Gehe ins Wasser hinein und starte deine Reise. Entweder schwimmst du hinunter, du tauchst, du läufst oder fährst mit einem U-Boot, alles ist möglich. So, wie du dich am wohlsten fühlst.

Auf deiner Reise nimmst du alles genau wahr und fragst die Meeresbewohner, ob sie dir etwas zu deiner Krise sagen können oder dir etwas zeigen wollen. Schaue auch in Höhlen, unter Steinen etc. nach, ob da irgendwo eine Botschaft oder ein Geschenk für dich ist. Immer tiefer und tiefer reist du ... bis du am Meeresgrund angekommen bist. Dort wartet in der Regel etwas Wertvolles oder jemand auf dich, der dich mit wichtigen Informationen, Erkenntnissen und Einblicken beliefert.

Wenn du am Meeresgrund fertig bist, reise zurück hoch zum Sandstrand. Komm höher und höher, bis du aus dem Wasser steigst. Bedanke dich beim Meer und bei deinem Unterbewusstsein für diese spannende Reise, und speichere die Erkenntnisse ab.

Und während sich der Strand und das Meer zurückziehen, kommst du zurück ins Hier und Jetzt.

Diese Übung ist oft der Schlüssel zur Kehrtwende. Sie ist tief, vielleicht auch aufwühlend, aber sicher stets weiterführend und hilfreich.

Innere Reise auf den Berggipfel

Diese Übung ist eine überaus befreiende und klärende meditative Reise.

Bei geschlossenen Augen stellst du dir einen großen Berg, eingebettet in eine herrliche Naturlandschaft, vor. Nun geht der Aufstieg los. Schritt für Schritt, höher und höher. Sorgen, Ängste und Probleme lässt du im Tal zurück. Dein Krisen-Problemrucksack wird immer leichter, je höher du kommst.

Dein Aufstieg erfolgt über den vorgegebenen Weg oder querfeldein, ganz so, wie du es magst. Auf der Wanderung nimmst du alles intensiv wahr, menschliche und tierische Bergbewohner können spannende Botschaften in Bezug auf deine Krise, Tipps und Ratschläge für dich haben.

Auf dem Berggipfel angekommen, wartet in der Regel etwas oder jemand für einen spannenden, gewinnbringenden Austausch auf dich. Hier oben kannst du die gesunde Luft einatmen und den fantastischen Ausblick genießen: die Ruhe, die Stille, den Frieden, die Freiheit, die Harmonie und die Klarheit. Gesundheit, Kraft und Entspannung können erlebt und programmiert werden. Auszeit pur!

Mit dem neuen Wissen und dem Gefühl der frischen Klarheit und Energie geht es bergab zurück ins Tal. Schritt für Schritt, tiefer und tiefer, bis du wieder am Ausgangspunkt deiner Reise ankommst.

Während sich die Naturlandschaft und der Berg dann zurückziehen, kommst du wieder im Hier und Jetzt an.

Die Berggipfel-Übung schwächt deine Krise ab und schenkt dir gleichzeitig wertvollen Input, was jetzt zu tun sein könnte. Sie ist eine der befreiendsten Meditationen, die wir kennen.

Gesunder Schlaf

Neben dem Autogenen Training, das wir dir sehr ans Herz legen, haben wir noch für diese Phase und darüber hinaus eine kurze Einschlafmeditation für dich, für einen besseren Schlaf. Gerade in akuten Krisenzeiten ist der Schlaf enorm wichtig. Denn hier kannst, ja, musst du Kraft tanken für die Herausforderungen des nächsten Tages. Körper, Geist und Seele benötigen diese Auszeit. Um Einschlaf- und Durchschlafstörungen sowie krisenverbundenen Albträumen entgegenzutreten, empfehlen wir dir folgende simple Meditation, ein kleines Ritual, das du jeden Abend direkt vor dem Schlafengehen machen kannst.

Einschlafritual

Lege dich gemütlich in dein Bett. Spüre, wie deine Oberschenkel und die Unterschenkel, dein Rücken und die Arme auf der Matratze aufliegen, und dein Kopf auf dem Kissen. Wenn du eine Bettdecke über dir hast, fühle, wo genau sie deinen Körper berührt.

Schließe deine Augen und werde dir deines Atems bewusst. Atme ruhig durch die Nase ein, und lass die Luft in deinen Bauch strömen. Atme ruhig durch den Mund aus.

Mit jedem Atemzug wird dein Körper entspannter und ruhiger. Nimm wahr, wie deine Gedanken ruhiger werden. Wenn du ruhig einschläfst, wirst du auch ruhig aufwachen. Die spürbare Ruhe wirkt auch nachts im Unbewusstsein. Deine ganze Nacht wird zur geruhsamen Erholung. Dein Schlaf wird erholsamer und erfrischender. Das Wahrnehmen des Atems und der inneren Ruhe wird währenddessen unterschwellig weitergehen.

Am Morgen, wenn du aufwachst, wirst du erstaunt sein: Du bist dir deiner inneren Ruhe bewusst. Und jetzt genieße diesen wunderschönen Zustand und schlafe gut ein.

Gestalte deinen Schlafplatz zur Ruheoase. Du sollst dich absolut wohl in deinem Bett und im Schlafzimmer fühlen. Alles, was nicht hierher gehört oder stört, raus damit!

So, wir hoffen, dir mit unseren Tools dabei geholfen zu haben, in der akuten Krisensituation zuerst einmal zur Ruhe zu kommen, anstatt durchzudrehen. Aus dem Zustand dieser gewonnenen inneren Ruhe heraus schauen wir jetzt genauer hin. Nicht jeder deiner inneren Anteile ist gestresst und in der Krise, sonst könntest du dieses Buch nicht lesen.

Im nächsten Schritt erkennst du, wer in dir den größten Stress erlebt, und was er braucht.

Wenn du dich nicht entspannen kannst (das gilt für jede Übung), weil du zu unruhig bist, dann nutze diese Unruhe. Lege dir fetzige Musik auf und tanze, schüttle und stampfe dir die Unruhe aus dem Körper. Lass dir dabei alle Zeit der Welt, und erlaube dir, dabei laut zu sein. Das kommt dir sicher ungewohnt vor, doch was wäre, wenn es genau jetzt darum ginge zu lernen, das zu tun, was dir guttut? Wenn dir also die ruhigen Übungen zu ruhig sind, dann werde laut. Gib deiner Angst, deiner Wut, deiner Hilflosigkeit zunächst einen körperlichen Ausdruck, bevor du in die Entspannung gehst.

Schritt 2: Wer in dir hat am meisten Stress?

In einer Krise sind wir überwältigt, wir stellen alles infrage, wir verlieren den Boden unter den Füßen, wir sind verzweifelt, werden unfähig zu handeln und wollen nur noch eines: So schnell wie möglich unsere Klarheit und unsere innere Ruhe wiederfinden. Es fühlt sich an, als wären wir in unserer Gesamtheit erschüttert – doch was wäre, wenn das gar nicht stimmte?

Es fühlt sich nur so an, weil wir aus unserer Mitte herauskatapultiert wurden.

Stellen wir uns doch einmal vor, unser Inneres, also unsere Innenwelt, unsere Gedanken, unsere Gefühle, unser Erleben, unser Planen, unsere Wünsche, unsere Träume, unsere Hoffnungen, unsere Ressourcen und alles, was uns ausmacht, wären wie eine Landschaft mit verschiedenen Bereichen. In diesen unterschiedlichen Bereichen leben unsere inneren Kräfte, die alles, was wir wollen, planen, tun, fühlen und brauchen, in die Außenwelt bringen und durch Handlungen sichtbar werden lassen. Das, was wir in der Welt bewegen, sind immer von innen nach außen gebrachte Kräfte, egal, was wir tun. Unser Leben entsteht also innen, in unseren Impulsen und Plänen, in dem, was wir bewusst und unbewusst wollen, und letztlich durch das, was wir dann tatsächlich tun. Nun ist eine Abrissbirne von außen durch deine Innenwelt gedonnert und hat alles durcheinandergebracht.

Alles? Nein, nicht alles! Da gibt es dieses kleine Dorf … Du weißt schon. Machen wir uns doch auf die Suche nach den Kräften, die unbehelligt geblieben sind, denn diese Kräfte brauchen wir jetzt, um die Krise zu meistern.

Um es noch einmal zu verdeutlichen: Wir haben also viele verschiedene innere Anteile, z.B. das Innere Kind, die Innere Frau, den Inneren Mann, denn Inneren Erwachsenen und so weiter. Letztlich sind das alles verschiedene Gehirnteile, dazu zählt auch das Bauchhirn, die wir uns als innere Landschaft vorstellen können.

Unser inneres Zuhause

Wie könnte also unsere Innenwelt aussehen? Zeichnen wir einmal folgendes innere Bild:

Stelle dir eine wunderschöne Landschaft vor. Sie ist genau so, wie du es liebst. Diese Landschaft symbolisiert deine innere Welt, also deine Gefühle, deine Gedanken, deine Seele, deinen Körper, deine Handlungen. Es gibt verschiedene Bereiche in dieser inneren Landschaft. Es könnte einen Bereich der Weite und der Luftigkeit geben, in dem du Pläne schmiedest und viel Raum zum Nachdenken findest. Ein anderer Bereich könnte in emotionaler Hinsicht sehr sicher, wunderbar kuschelig und gemütlich sein. Ein dritter Bereich könnte aussehen wie ein gut gepflegter, großer Bauerngarten. Hier wachsen deine Pläne und Impulse, hier hütest du sie, hier nährst du sie, bis sie gereift sind. Ein weiterer Bereich könnte dir dabei helfen, deine Pläne in Taten zu verwandeln. Er könnte dir den Mut und die Kraft geben, nach außen zu bringen, was in dir gereift ist. Ein fünfter Bereich, vielleicht in der Mitte deiner Landschaft, könnte wie eine machtvolle Lichtsäule sein, in der du deine Seele spüren kannst – gerade so, als bildete diese Lichtsäule die Achse deiner Innenwelt.

Wir könnten außerdem annehmen, in diesen verschiedenen inneren Landschaftsbereichen gäbe es unterschiedliche innere Wesenheiten. Sie sind im besten Falle in ihren jeweiligen Bereichen zu Hause und kümmern sich um das, was es dort jeweils zu tun gibt.

Die Inneren Kinder könnten in dem Bereich wohnen, der sicher, gemütlich und kuschelig ist. Sie finden dort alles, was sie brauchen, damit sie glücklich sind. Du könntest deine Inneren Kinder auch als deine emotionale Kraft bezeichnen.

Der Bereich, in dem deine inneren Früchte wachsen und dich und, wenn du das willst, auch andere nähren, könnte von einem Anteil bewohnt und gehütet werden, den wir die Innere Frau nennen. Sie steht in Kontakt mit den Rhythmen der Erde und weiß, wann welche Früchte reif sind. Warum ausgerechnet die Innere Frau? Weil wir dieses innere Hüten ein wenig mit einer Schwangerschaft vergleichen können. Du hütest und nährst etwas in dir, das zum richtigen Zeitpunkt geboren werden will. Wir können die Innere Frau als unsere Fürsorgekraft bezeichnen.

Den Bereich, in dem du die Kraft bekommst, um deine von der Inneren Frau gehüteten und genährten Pläne in nach außen gerichtete Handlungen zu verwandeln, könnte vom Inneren Mann versorgt werden. Warum vom Inneren Mann? Weil sich der Mann bei der Zeugung nach außen verströmt und deshalb sinnbildlich für Tatkraft steht. Verströmt ein Mann sich nicht, dann kann er kein neues Leben zeugen. Deshalb können wir das Nach-Außen-Gehen mit einem möglichen Zeugungsakt vergleichen. Den Inneren Mann können wir als unsere Handlungsfähigkeit bezeichnen.

Die Innere Frau steht dem Inneren Mann gegenüber. Sie nährt ihre Pläne, bis sie reif sind. Der Innere Mann bringt das, was sie in sich gehütet hat, nach außen.

Wie wäre es außerdem, wenn wir den Bereich, in dem du klare Gedanken fassen und sowohl analytisch als auch assoziativ denken kannst, den Inneren Erwachsenen nennen? Der Hintergrund ist folgender: Wenn du heranreifst, dann entwickelt sich im Gehirn nach und nach der Präfrontale Cortex, die Großhirnrinde. Von hier aus kannst du die Dinge wie von oben betrachten. Du kannst in diesem Gehirnbereich im Gegensatz zum Limbischen System, dem Emotionalhirn, zwischen dir und anderen Menschen unterscheiden, du kannst logisch denken und klare Gedanken formulieren. Und du kannst im sogenannten Assoziationscortex, der ein Teilbereich der Großhirnrinde ist, abstrakt denken und Gedanken und Bilder miteinander verknüpfen. Weil du dazu erst in der Lage bist, wenn du herangereift bist, nennen wir den Visionär und Denker in dir den Inneren Erwachsenen. Der Innere Erwachsene kann die Dinge mit Abstand betrachten und ist in der Lage, verantwortlich zu planen und zu handeln. Er steht dem Inneren Kind gegenüber, das ein emotionales und unbewusstes Wesen hat und im Emotionalhirn entsteht. Den Inneren Erwachsenen können wir als unsere visionäre Kraft bezeichnen.

Bleibt die Mitte. Hier ist dein Bewusstsein zu Hause. Von hier aus regierst du dein Reich, bist in Kontakt mit all deinen Kräften und fühlst dich so, als wärst du in deiner Mitte, was du ja auch bist.

Deine innere Landschaft – ein Kreis

Hast du das Bild der inneren Landschaft mit ihren Bereichen und Kräften verinnerlicht? Vielleicht kannst du es dir noch besser vorstellen, wenn du an einen Kreis denkst. Je ein Viertel des Kreises besteht aus einem bestimmten Bereich, das

Zentrum des Kreises bildet deine innere Mitte, in der du mit deiner inneren Wahrheit, deiner Seele und deinem Bewusstsein verbunden bist. Wenn du dir deine innere Landschaft wie einen Kreis vorstellst, dann können wir sie Rad nennen, z.B. Lebensrad. Wir können sie auch Lebenskompass nennen, denn der ist auch rund, oder Medizinrad, wenn du es schamanisch magst.

Im Medizinrad findest du, und deshalb passt der Begriff sehr gut, auch die vier unterschiedlichen Energien und Kräfte, Elemente genannt, sowie die Mitte, in der du in dir selbst zu Hause bist.

Aktiviere deine inneren Kräfte

Dir deine Innenwelt genau vorzustellen ist deshalb gut, weil wir, wenn wir unsere innere Landschaft fühlen und als real erleben, noch besser auf unsere Kräfte zurückgreifen können.

Lass uns jetzt mithilfe dieses inneren Bildes herausfinden, ob es bestimmte innere Anteile gibt, die die Krise stärker empfinden als andere. Für wen in dir ist das Ganze am schlimmsten? Dadurch können wir erkennen, welche inneren Kräfte aktiviert werden dürfen, um die Krise so zu meistern, dass es sich anfühlt, als würdest du wie im Märchen Rumpelstilzchen Stroh zu Gold spinnen und gestärkt aus allen Schwierigkeiten hervorgehen.

Es kann sogar sein, dass der innere Anteil, der sich am meisten bedroht fühlt, in Wahrheit überhaupt nichts mit dem, was dir gerade geschieht, zu tun hat und einfach nur an einen inneren, sicheren Ort gebracht werden muss, damit du wieder handeln kannst. Finden wir es heraus.

Bist du bereit? Dann los!

Wer oder was in mir erlebt die Krise am stärksten?

Nimm dir etwas zu schreiben, ein paar Gegenstände wie Büroklammern, Steinchen oder Spielfiguren, und ein großes Blatt Papier.

Male einen Kreis und unterteile ihn in Viertel. Markiere die Mitte mit einem Kreis.

Schreibe in eines der Viertel »Gefühle, Verletzlichkeit«. In das gegenüberliegende Viertel schreibst du »Vernunft, Kommunikation«. Lege jetzt das Papier so, dass der Bereich »Gefühle, Verletzlichkeit« direkt vor dir liegt, also auf deinen Bauch zeigt. Auf das von dir aus gesehene freie linke Viertel schreibst du »Stabilität, Ressourcen« und auf das von dir aus gelegene rechte Viertel schreibst du »Tatkraft, Handlungsfreiheit«. Genau mitten ins Zentrum schreibst du »Mitte«.

Lege deine Gegenstände griffbereit vor dich hin.

Denke jetzt an deine Krise, und nimm den ersten der kleinen Gegenstände in die Hand. Entscheide rasch: Welcher Bereich ist am meisten betroffen? Sind es deine Gefühle, deine Ressourcen, dazu gehört auch dein Geld, ist deine Handlungsfreiheit eingeschränkt, sind dein Denken oder deine Kommunikationsfähigkeit blockiert, weil es keinen Ausweg mehr zu geben scheint oder niemand zuhört? Bist du in deinem Urvertrauen erschüttert worden (Mitte)? Lege einen der Gegenstände auf den Bereich, der sich dir als Erstes zeigt.

Denke nun an die verschiedenen Aspekte deiner Krise. Eine Krise stellt uns immer vor mehrere Herausforderungen, sonst ist es keine. Eine einzige Herausforderung kann man meistern, ohne in eine Krise zu geraten. Eine Krise entsteht, wenn gleich mehrere Schwierigkeiten aufeinandertreffen, diese sich verstärken, nicht bewältigt werden und ein Chaos anrichten.

Lege spontan jeweils ein Steinchen oder eine Büroklammer in den Bereich deiner inneren Landschaft, der am meisten betroffen ist. Denke nicht darüber nach, sondern mach es einfach. Diese Übung folgt keinem logischen Muster. Wir erforschen die Krise und ihre individuelle Wirkung auf dich, wir wollen wissen, wo die Abrissbirne bei dir am meisten Schaden angerichtet hat.

Jetzt hast du all deine Figuren auf das Papier gelegt. Zähle die Gegenstände auf jedem Bereich durch. Welcher Bereich erlebt die Krise am stärksten? Wo hat sie am meisten Schaden angerichtet?

Bist du in erster Linie menschlich enttäuscht, bist du emotional verletzt, fühlst du dich im Stich gelassen? Dann bist du im Bereich des Wassers, der Gefühle, verletzt worden, insbesondere im Inneren Kind.

Gerätst du vor allem unter finanziellen oder gesundheitlichen Druck? Dann ist deine Erdkraft, deine Innere Frau, verletzt worden, der Anteil in dir, der hüten und nähren will und das normalerweise auch kann.

Bist du in deiner Handlungsfreiheit eingeschränkt, sind dir »die Hände gebunden«, oder musst du nun etwas tun, was du gar nicht tun willst? Dann leidet deine Feuerkraft, dein Innerer Mann, am meisten.

Sind deine Pläne gescheitert, ist ein Vertrag geplatzt, wirst du mit dem, was du willst, nicht mehr gehört und verstanden? Dann ist deine Luft vernebelt und verschmutzt worden, dein Innerer Erwachsener.

Bist du aus deiner Mitte herauskatapultiert worden, hast du das Vertrauen ins Leben verloren? Dann ist deine Beziehung zu dir selbst, zu deiner ureigenen Wahrheit, eben deine Mitte, verletzt worden.

Da, wo sich jetzt die meisten Büroklammern befinden, ist für dich gefühlt deine Krisenmitte. Dort hältst du dich energetisch im Moment am meisten auf, und aus diesem verletzten Bereich heraus versuchst du, die Krise zu meistern. Du weißt jetzt also, welcher innere Bereich am meisten unter der Krise leidet. Wir kümmern uns noch ausführlich um deine Innenwelt, keine Sorge.

Schiebe jetzt alle Büroklammern oder Figürchen in die Mitte. Da gehören sie hin.

So einfach?
So einfach!

Nimmst du nun wahr, wie etwas in dir aufatmet und wieder klarer wird?

Weil du jetzt weißt, welcher innere Bereich am meisten unter der Krise leidet, können wir einen weiteren Schritt vorwärts gehen. Du erkennst in der nachfolgenden inneren Reise noch genauer, wer oder was in dir sehr unter der Krise leidet, und kommst in Kontakt mit diesem inneren Anteil, kannst ihn stärken und heilen.

Innere Reise: Hilfe für deine am schwersten betroffenen inneren Anteile

Es gibt in diesen Moment nichts für dich zu tun. Du brauchst niemandem zu gefallen, es niemandem recht zu machen, niemanden zu retten. Es geht nur um dich und dein Wohlbefinden. Du darfst es dir erlauben, nach innen zu lauschen und dich selbst zu spüren, dir zuzuhören und dich auf vielleicht nie gekannte Weise neu zu erleben.

Mach es dir gemütlich, und schließe deine Augen. Lass deinen Atem kommen und gehen. Spürst du ihn? Jetzt kannst du noch ein wenig tiefer atmen und dir selbst mehr Raum geben. Wunderbar machst du das. Wie könntest du noch ein wenig tiefer atmen? Kannst du dir wieder ein inneres Bild vorstellen? Du hast das schon gemacht, du kannst das.

Stelle dir also ein Tor vor. Lass das Tor so sein, wie es dir erscheint. Es muss kein besonderes Tor sein, auch wenn es das sein darf. Das Tor führt dich in deine innere Welt, dahin, wo alles gut und in Ordnung ist. Hinter dem Tor findest du einen Weg, der dich ins Zentrum deiner inneren Landschaft führt.

Du siehst einen Lichtschein, der immer heller wird. Das ist sehr angenehm, als würdest du der Quelle deines inneren Lichtes näherkommen. Je mehr du dich deinem inneren Licht näherst, desto klarer fühlst du dich, als kämst du nach all dem Stress wieder in deiner Mitte an.

Jetzt ist das Licht ganz nah, und du machst einen Schritt in das Licht hinein. Klarheit und Frieden durchströmen dich.

Auf einmal hast du eine Eingebung: Nicht alle Anteile in dir sind von der Krise betroffen. Da gibt es durchaus innere Kräfte, die weiterhin unbeirrt und unbeirrbar zu deiner Verfügung stehen, und das ist gut.

Während du im Licht deiner Mitte ruhst, siehst du zwei Stühle einander gegenüberstehen. Auf dem einen sitzt du, so, wie du dich kennst. Auf dem anderen sitzt der Anteil, der die Hauptlast der Krise trägt, der am meisten darunter leidet und die größte Angst hat. Stelle dir vor, du könntest mit diesem inneren Anteil sprechen. Das bist ja alles du, deshalb fällt dir das ganz leicht.

Um mit diesem Anteil zu reden, visualisiere Folgendes: Du sitzt auf dem Platz, auf dem du dein bekanntes Ich wahrnimmst. Lass dir Zeit, um auf diesem Platz anzukommen. Schaue nun auf dein Gegenüber, also auf den Anteil, der die Hauptlast der Krise geschultert hat.

Selbst wenn du noch nie bewusst mit dir selbst gesprochen hast, fällt dir das leicht, denn du bist vom Licht deiner Mitte durchströmt. Dein Inneres will mit dir kommunizieren, es braucht dich. Wenn du nun auf dein Gegenüber schaust, wen oder was siehst du? Wenn du es nicht weißt, dann frage den Anteil, der dir gegenübersitzt: »Wer bist du?«

Jetzt stelle dir vor, dass du aufstehst und dich auf den Platz desjenigen setzt, der die Hauptlast der Krise tragen muss. Du bist jetzt also der Anteil, der am meisten von der Krise betroffen ist. Spürst du dich als dieser Anteil? Glaube dir und vertraue dir. Deine Innenwelt will mit dir in Beziehung treten, deshalb antworte laut auf die Fragen, so, wie du es wahrnimmst, insbesondere dann, wenn die Antworten für dich noch keinen richtigen Sinn ergeben. Das ist okay, wir wollen dir helfen, deshalb darfst du als der am meisten betroffene Anteil jetzt mit uns reden.

Du trägst schwer an deiner Last, und wir wollen dich verstehen. Hast du die Frage gehört: Wer bist du also? Wie alt bist du? Bist du ein Kind oder ein erwachsener innerer Anteil? Wie fühlst du dich, wenn du an die Krise denkst, die du gerade erlebst? Was genau belastet dich? Was ist am schlimmsten? Welcher Aspekt der Krise lässt dich verzweifeln und entmutigt dich? Wenn du ein Kind bist, wie wäre es, wenn ich dir sage: Mit dir hat das Ganze in Wahrheit nichts zu tun, das meistert der Erwachsene in dir. Glaubst du, dass du aus deiner Kraft heraus, aus der Kraft des Anteils, mit dem ich gerade rede, in der Lage bist, diese Krise zu meistern? Wenn nein, willst du die Lasten an denjenigen inneren Anteil abgeben, der es könnte, auch wenn du diesen Anteil vielleicht noch gar nicht kennst?

Du musst das nicht allein schaffen. Möglicherweise hast du mit dem, was gerade passiert, nicht das Geringste zu tun. Wenn du ein Kind bist, darfst du alles, was du trägst, ablegen. Du musst das nicht schultern. Du darfst spielen und dich sicher und wohl fühlen.

Wechsle jetzt wieder in Gedanken den Platz und setze dich auf deinen eigenen. Du hast jetzt gespürt, welcher innere Anteil die Hauptlast schultert, und kannst entscheiden, ob es wirklich sinnvoll ist, diesem Anteil alles aufzubürden, vor allem dann, wenn es dein Inneres Kind ist.

Stelle dir vor, du nimmst dem inneren Anteil, der am meisten unter der Krise leidet, die Lasten ab. Keine Sorge, du musst sie nicht allein tragen. Wir holen dir Hilfe, damit du wieder handlungsfähig wirst. Doch für diesen Moment nimm die Lasten bitte zu dir (zu dem Anteil, auf dessen Platz du gerade in Gedanken sitzt, also dem eigenen, nicht dem des Inneren Kindes). Wenn sie der Anteil dir gegenüber tragen muss, dann kannst du keine vernünftigen und klugen Entscheidungen treffen, weil der Anteil, der am meisten unter der Krise leidet, überwältigt ist, egal, welcher das ist. Nimm ihm die Lasten ab. Das kann in Form einer schweren Kugel, eines Steins, eines sperrigen Rucksacks oder einer dunklen Energie sein.

Stehe nun in Gedanken auf und bringe die Lasten ins Licht deiner Mitte. Die Stühle verschwinden, und der innere Anteil, der bislang am meisten litt, findet seinen idealen Platz, sein Zuhause, in deiner inneren Landschaft.

Im Licht der Mitte verändert sich die Last und wandelt sich zu einer Herausforderung, die du mithilfe von inneren Kräften meistern kannst und darfst. Alles, was in Bezug auf die Krise nicht zu dir gehört, was du von anderen übernommen hast, löst sich im Licht deiner Mitte auf. Alles Dunkle fließt in die Erde und löst sich dort auf. Das, was übrig bleibt, verwandelt sich in ein Symbol, vielleicht ein zerbrochenes Herz, einen Schlüssel oder etwas anderes, das die Art deiner Krise anzeigt. Lass das Symbol so sein, wie es ist, auch wenn du es noch nicht verstehst. Wir kümmern uns in einer der folgenden inneren Reisen um dieses Symbol.

Lass es im Licht der Mitte liegen, und gehe den Weg entlang zum Tor, durch das du deine Innenwelt betreten hast. Jetzt bist du am Tor. Durchquere es, und komm in den Raum zurück, in dem du dich körperlich befindest.

Atme tief ein und aus, recke und strecke dich, dann öffne deine Augen. Willkommen zurück!

Wer und wie bin ich wirklich?

Um besser erkennen zu können, wer genau in dir den größten Stress erlebt, und wer und wie du wirklich bist, führen wir dich in einer spannenden Reise in dein wahres Ich.

Wenn du uns fragst, wer wir sind, dann antworten wir: Susanne Hühn und Abbas Schirmohammadi. Wenn du mehr über uns wissen willst, erzählen wir dir unsere Lebensläufe mit allem, was dich interessiert: Alter, Beruf, Hobbys, Familienstatus, Lieblingsessen etc. Wer wir sind, präsentieren wir auch auf unseren Webseiten. Doch damit ist nicht erklärt, wie wir sind. Wie sind wir, die Menschen Susanne und Abbas, fernab von unseren beruflichen Tätigkeiten und der öffentlichen Darstellung bzw. Wahrnehmung? Welche Charaktere haben wir, wie ticken wir tief in unserem Inneren? Um diese Fragen zu beantworten, müssen wir eintauchen in uns selbst, in unser Selbst, Hülle um Hülle abstreifen und »nackt« vor den Spiegel treten. Es geht um unsere wahre Identität. Hast du das schon einmal getan? Wenn nein, lass es uns zusammen tun.

Fakt ist: Jeder Mensch ist ein Unikat, ein einzigartiges Wesen. Obwohl wir alle zwei Augen, Ohren, Hände und Füße, Zähne, dasselbe Körpergerüst mit identischen Organen haben, und vielleicht sogar optisch einige Doppelgänger von uns auf der Welt herumlaufen, gibt es keine zwei Menschen, die absolut gleich sind. Nicht einmal eineiige Zwillinge. Die meisten Menschen beschäftigen sich nicht viel mit sich selbst: Sie streifen durchs Leben und suchen ihre Welt im Außen. Sie hinterfragen kaum, wer sie sind, warum sie so sind oder wohin ihr Weg gehen soll. Sie leben einfach.

Dann gibt es aber auch die Menschen, und dazu zählen wir uns genauso wie dich, liebe Leserin, lieber Leser, die wissen, dass es mehr gibt als das Außen. Daher hast du ja auch unser Buch gekauft. Du setzt dich mit dir selbst auseinander und versuchst, dich weiterzuentwickeln, die Kraft aus Meditation zu ziehen, dich upzudaten und zu hinterfragen, um eins mit dir selbst zu sein und mit diesem Wissen auch deine Krise besser meistern zu können.

Oftmals nehmen wir bestimmte Rollen ein, so wie andere uns sehen wollen oder wie wir sein möchten. Wir eifern Vorbildern nach, unseren Eltern, Idolen aus Sport, Musik oder Film. Wir passen uns an, um irgendwo dazuzugehören. Fangen an zu trinken, um in Gesellschaft nicht als »Milchbubi«, als »Weichei« dazustehen, greifen zur Zigarette, um bei dem qualmenden »Geschäfts-Talk« vor der Tür dabei sein zu können, lassen uns Fett absaugen, weil uns suggeriert wird, dass nur 90-60-90 schön ist etc.

Viel besser ist es jedoch, sich nicht verbiegen zu lassen und den eigenen Weg zu gehen. Bleibe so, wie du bist! Eine gewisse Anpassung an das Leben ist normal, z.B. Kompromisse in der Partnerschaft einzugehen oder mit Kollegen im Team zu arbeiten, mit denen man vielleicht nicht so gut klarkommt – hier ist die goldene Mitte gefragt. Anpassen ja, verbiegen lassen: ein klares Nein.

Selbsterkennung

Um dir selbst näherzukommen, beantworte bitte folgende Fragen in einem Satz oder stichpunktartig; die Antworten kannst du dir gern notieren:

- ☆ Wer bin ich?
- ☆ Welche Charaktereigenschaften habe ich?
- ☆ Welche hätte ich gern?

- Wie würden mich meine allerbesten Freundinnen und Freunde beschreiben und wie meine Lebenspartnerin bzw. mein Lebenspartner?
- Finde ich mich in diesen Beschreibungen wieder?
- Bin ich wirklich ich, oder verbiege ich mich für andere?
- Wer möchte ich von Herzen sein?

Wir wissen, dass das Leben aus vielen Wünschen und Träumen besteht. Wer hätte nicht gern eine Traumvilla am Strand, teure Autos, wertvollen Schmuck, ein Konto voller Geld, ewige Jugend und Schönheit, leidenschaftlichen Sex das ganze Leben lang etc. Wer sich aber ewig leidtut, weil er so vieles nicht hat, wird immer unglücklich sein. Und das will keiner von uns. Stattdessen gilt es, eine gewisse Grundzufriedenheit in seinem eigenen Leben zu erreichen. Das Glas halb voll statt halb leer zu sehen, positiv statt negativ zu denken, immer an das Gute zu glauben und dankbar zu sein für alles, was man hat. Und schon wird das Leben um einiges besser! Selbst jetzt in der Krise nicht aufzugeben, sondern an die positive Kehrtwende zu glauben, schenkt Kraft und macht Mut.

Veränderungsaktivierung

Um Veränderungen in deinem Leben bewirken zu können, beantworte zuerst einmal folgende Fragen jeweils in einem Satz oder stichpunktartig:

- Wie möchte ich mich genau verändern? Wohin möchte ich im Leben?
- Was will ich alles erleben und erreichen?

- Sind diese Wünsche realistisch?
- Bin ich bereit, mich von unrealistischen Wünschen zu verabschieden, oder kann ich diese ein wenig anpassen und erreichbarer gestalten?
- Bekomme ich Unterstützung aus meinem engen Familien- oder Freundeskreis bei meinen Vorhaben?
- Bin ich motiviert genug, am Ball zu bleiben, um meine Ziele wirklich zu erreichen?
- Wie gehe ich mit Problemen und Hindernissen um, die mich auf meinem Weg zum Ziel blockieren?

Eigene Stärken herausfinden

Jeder Mensch hat bestimmte Talente mitgebracht und weitere Fähigkeiten im Laufe seines Lebens erlernt, gestärkt oder auch wieder vergessen. Es gilt, sich auf seine Stärken zu konzentrieren und diese bestmöglich zu nutzen. Ich, Abbas, habe mich beruflich auf Persönlichkeitscoaching spezialisiert. Ich helfe meinen Klientinnen und Klienten dabei, ihre Probleme zu lösen und sich selbst weiterzuentwickeln. Susanne hat dasselbe Ziel. Doch wir arbeiten mit unterschiedlichen Methoden. Jeder von uns bevorzugt die Techniken und Tools, womit er am meisten Erfahrung und Erfolg hat.

Dieses Prinzip übertragen wir jetzt auf dich. Also: Welche Stärken sind deine? Mach dir Gedanken dazu, und schreibe diese auf. Welche Fähigkeiten besitzt du? Kannst du gut Neues lernen, bist du ein Organisationswunder, liegen dir Gespräche mit fremden Menschen, bist du musikalisch begabt, kannst du tolle Texte schreiben, bist du ein Rechengenie?

Verfügst du über ganz viel Liebe, einen Körper zum Modeln, eine bemerkenswerte Stimme? Analysiere dich, und notiere alle Stärken, die dir an dir selbst bekannt sind.

Im Anschluss bitte deine besten Freundinnen und Freunde sowie deinen Partner bzw. deine Partnerin, ebenso jene Frage – Welche Stärken und Fähigkeiten besitzt du? – auf dich bezogen zu beantworten. Vielleicht erfährst du dabei neue Ressourcen, die du scheinbar hast, von denen du selbst bislang nichts wusstest. Bei den Punkten, die sich decken, weißt du aber nun sicher, dass du diese Eigenschaften besitzt und positiv für dich und die Krisenbewältigung nutzen kannst. Das gibt dir Mut und Durchschlagskraft. Fokussiere dich auf deine »Goodies« und setze diese vermehrt ein, um deine Ziele zu erreichen und deine Krise zu meistern!

Selbsttest: Wie gut kenne ich mich?

Das wirst du jetzt herausfinden. Hierzu haben wir einen Test aufgesetzt, der Fragen und Aussagen zu deiner Person enthält. Zur Bewertung stehen dir jetzt die Codes 1 bis 5 zur Verfügung.

5 = trifft absolut zu
4 = trifft meistens zu
3 = 50:50
2 = trifft selten zu
1 = trifft nie zu

Kopiere zuerst den Testbogen ein paar Mal. Nun fülle den Test auf dich selbst bezogen aus. Im Anschluss gib einer Vertrauensperson, die dir sehr nahe steht, eine Kopie, und bitte diese, den Test, auf dich bezogen, ganz ehrlich auszufüllen. Im

Anschluss siehst du, wie identisch oder total unterschiedlich die Wahrnehmung deiner Person ist. Diesen Vorgang kannst du mit mehreren engen Freunden oder Bekannten, denen du vertraust, durchführen.

Nr.	Aussagen zu … (dein Name)	Code
1	Mit meinem starken Antrieb erreiche ich all meine Ziele.	3
2	Pünktlichkeit zählt zu meinen größten Stärken.	1
3	Ich bin ein Familienmensch.	5
4	Ich halte mich für sehr attraktiv.	1
5	Ich bin extrovertiert.	1
6	Wenn jemand Probleme hat, helfe ich ihm gern.	4
7	Im Konfliktfall suche ich gemeinsam mit meinem Gegenüber eine Win-win-Lösung.	3
8	Ich kann meine Emotionen, Gefühle und Bedürfnisse gut ausdrücken.	4
9	Ich kann hin und wieder auch ein echtes Ar***loch sein.	1
10	Wenn ich ein größeres Problem in meinem Leben habe, spreche ich mit einer vertrauten Person darüber.	3
11	Mein Gemüt ist sonnig, positiv und stets lebensbejahend.	2
12	Niederlagen motivieren mich, um noch besser zu werden.	2

Nr.	Aussagen zu ... (dein Name)	Code
13	Bei gemeinsamen Ausflügen oder Tätigkeiten muss immer alles nach meiner Nase laufen.	1
14	Wenn ich frustriert bin, werde ich depressiv.	4
15	Ich bin glücklich mit meinem Leben.	3
16	Wenn zwei Menschen sich streiten, dann schlichte ich.	2
17	Ich bin ein echt guter Smalltalker.	1
18	Ich bin neidisch auf den, der mehr hat als ich.	1
19	Ich bin eine ehrliche Haut und sage immer die Wahrheit.	3
20	Ich schätze die Auswertung mit meiner Testpartnerin bzw. meinem Testpartner als relativ identisch an.	

Nun vergleiche deine Einschätzungen mit denen deiner Testpartnerin bzw. deines Testpartners. Addiere alle zwanzig Differenzpunktzahlen zu einer Endsumme zusammen.

Beispiel:

- Deine Einschätzung Code 3 / Testpartner Code 3 = Differenz 0
- Deine Einschätzung 5 / Testpartner 2 = Differenz 3

Die mögliche Endminimalsumme ist 0, das würde bedeuten, du und dein Gegenüber habt alle zwanzig Aussagen zu deiner Person völlig identisch beantwortet. Die mögliche Endmaximalsumme ist 80, wenn ihr alle Aussagen zu deiner Person komplett unterschiedlich beantwortet habt.

0–15 Punkte: Sensationell! Deine Selbstwahrnehmung ist fast identisch mit der Fremdwahrnehmung durch deine enge Vertrauensperson, die dir positiv gesinnt ist. Du kennst dich sehr gut und weißt, wer und wie du wirklich bist, wie du bei anderen ankommst und wie diese Menschen dich wahrnehmen. Deine Außendarstellung ist genauso authentisch wie dein Innenleben. Weiter so!

16–45 Punkte: Du befindest dich im guten bis zufriedenstellenden Mittelfeld. Allerdings gibt es Optimierungsbedarf. Überprüfe vor allem die Kategorien, in denen eure Abweichungen am größten sind. Und hinterfrage diese. Zuerst allein, dann mit deinem Testpartner bzw. deiner Testpartnerin zusammen. Findet gemeinsam heraus, warum eure Eindrücke hier so unterschiedlich sind. Aus diesen Gesprächen heraus ergeben sich für dich hilfreiche Persönlichkeitshinweise.

46–80 Punkte: Hier stimmt wenig überein. Warum liegen eure Bewertungen so weit auseinander? Liegt es an deinem Ego, an verworrenen Vorstellungen, an unpräzisen Kenntnissen über dich selbst? Da die Testperson dein Vertrauensmensch ist, musst du hinterfragen, wie gut du dich selbst kennst. Bei einer Landung in dieser Punktregion liegt ihr ziemlich weit auseinander. Zu weit. Arbeite mit den Tipps von vorhin an dir, um deine Mitte zu finden, um Außen- und Innendarstellung näher aneinanderzuführen. Du kannst das!

Folgende Entspannungsübung hilft dir dabei, um deine Mitte (wieder) zu finden, näher an deinen wahren Wesenskern heranzukommen und in gute Schwingungen mit dir selbst und nach außen zu gelangen. Wir wünschen dir viel Freude damit.

Innere Reise: Unterwegs mit dem Krafttier Adler

Bringe dich in eine angenehme, entspannte Position, und schließe deine Augen. Konzentriere dich auf deinen Atem, wie er kommt und geht ... ganz ruhig und gleichmäßig im natürlichen Rhythmus.

Gedanken, die noch da sind, lässt du weiterziehen wie Wolken am Himmel. Tiefer Friede erfüllt dich. Nun überlässt du dich ganz dem universellen Licht der Liebe und schwebst mit ihm über tiefblaue Seen ... über bunte Blumenwiesen ... über dunkelgrüne Wälder ... über Auen und Meere.

Du wirst sanft getragen vom Licht, bis auf den höchsten Berg, der im Sonnenlicht glänzt. Zu deinen Füßen liegt die ganze Welt in ihrer einzigartigen Schönheit. Du stehst auf dem höchsten Punkt und reckst glücklich die Arme in den blauen Himmel. Ein Gefühl vollkommenen Glücks durchströmt dich! Spüre die wohltuende Wärme der Sonnenstrahlen, genieße die sanfte Brise auf deiner Haut und in deinen Haaren.

In der Ferne siehst du als kleinen Punkt einen Adler mit ausgebreiteten Schwingen in der Luft segeln und elegante Kreise ziehen. Er kommt langsam näher. Beobachte seine Eleganz, seine Kraft und seine Schönheit. Schwerelos und lächelnd zieht er seine Bahnen. Jetzt lässt er sich sanft neben dir nieder, breitet seine Schwingen aus, die im Sonnenlicht golden glänzen, und sieht dich einladend an.

Überglücklich nimmst du seine Einladung an und fliegst auf seinem Rücken mit ihm in die Lüfte, höher und immer höher, der Sonne entgegen. Dorthin, wo reine Glückseligkeit ist. Du spürst die gewaltige und doch sanfte Kraft des Adlers, während er höher steigt. Du genießt die Schwerelosigkeit, die Leichtigkeit, die Herrlichkeit des Universums. Hier ist alles hell, leicht und glückselig, und du bist ein Teil davon. Du bist vollkommen erfüllt von dem weißgoldenen Licht, das in dir fließt und dich umgibt. Du fühlst dich eins mit der unerschöpflichen Kraft der universellen Lebensenergie, die auch in dir ist. Du bist stark wie dieser Adler, aber auch frei und leicht, geliebt und gestützt vom Universum und der unendlichen Liebe, die dort herrscht.

Das Gefühl des Einsseins mit der Lebensenergie sowie der Stärke verankerst du nun fest in deinem Herzen und nimmst es mit auf den Rückweg. Es wird dich auf deinem Lebensweg begleiten und soll dir aus deiner Krise heraushelfen. Langsam gleitest du auf den Schwingen des Adlers ins Hier und Jetzt, in den Raum, in dem du dich befindest. Mit sanftem Flügelschlag setzt das majestätische Tier auf und entlässt dich in deine Gegenwart: kraftvoll, energiegeladen und dankbar, eins mit dir selbst!

Öffne dann deine Augen. Willkommen zurück.

Und, das war doch ein ganz wundervoller Ausflug, oder? So auf den Schwingen eines mächtigen Adlers. Der Adler ist ein starkes Krafttier. Lade ihn immer ein zu dir, wenn du ihn und seine Eigenschaften brauchst.

Zeit für dich selbst finden

Ein weiterer wichtiger Schritt in dieser Phase deiner Krisenarbeit ist Zeit, Zeit für dich. Unsere folgende Reise lädt dich ein zu einem inneren Erleben, Fühlen und Wahrnehmen. Der innere Anteil von dir, der am meisten von der Krise betroffen ist, darf nun entspannen und zur Ruhe kommen, wird harmonisiert und geheilt.

Innere Reise: Zeit für mich

Setze dich auf einen gemütlichen Stuhl, und schließe deine Augen. Fühle deinen Atem, wie er einfach in dich einströmt und wieder aus dir herausströmt. Es gibt jetzt nichts zu tun. Das ist Zeit für dich. Mit jeder Einatmung kommst du mehr in dir an. Und mit jeder Ausatmung lässt du los, was dich beschäftigt und belastet.

Atme deine Krise aus, atme sie weg! Stelle dir vor, wie die Bilder aus deinem Alltag mit der Ausatmung aus dir hinausgleiten und entweichen. Sanft. Ein weiches Loslassen, das dir Raum gibt für dich.

Wie fest ist der Kontakt deiner Füße zur Erde? Verbinde dich ganz bewusst. Lass aus deinen Fußsohlen heraus ein Wurzelgeflecht wachsen. Diese Wurzeln wachsen liebevoll in die Erde hinein. Das Wurzelgeflecht gibt dir Halt und Stabilität. Erlaube dir, fest und stabil, entspannt und liebevoll mit Mutter Erde verbunden zu sein. Diese Verbindung ermöglicht es dir, noch besser im jetzigen, geschützten Moment zu sein. Dieser Moment ist Zeit für dich.

Lass deine Schultern bewusst locker. Du brauchst jetzt nichts auf ihnen zu tragen. Du hast Zeit für dich. Wiederhole für dich im Stillen: »Ich entspanne meine Schultern. Meine Schultern sind locker und entspannt.«

Entspanne jetzt deinen Kiefer. Wiederhole für dich im Stillen: »Ich entspanne meinen Kiefer. Mein Kiefer ist locker und entspannt.«

Nimm bewusst wahr, wie deine Atmung gerade ist. Bewerte sie dabei nicht. Beobachte sie einfach. Beobachte auch, wie sich dein Brustkorb hebt und senkt. Wie deine Bauchdecke sich hebt und senkt. Beobachte deine Atmung. Erinnere dich jetzt an einen Moment in deinem Leben, an dem du völlig entspannt warst.

Nimm die erste Erinnerung, die dir in den Sinn kommt.

Tauche nun in dieses Bild ein. Hole es dir so lebendig wie möglich vor Augen. Wo bist du? Bist du allein oder sind andere Menschen dabei? Wie sieht es dort aus? Welche Geräusche hörst du? Welche Gerüche nimmst du wahr? Gibt es etwas, das du mit deinen Händen oder Füßen spürst? Erlaube dir, ganz in dieses Bild einzusinken und das Gefühl der Entspannung, das damit verbunden ist, in dir aufsteigen zu lassen. Nimm dir dafür Zeit. Du hast Zeit.

Wende dich wieder deinem Körper zu. Welche Stellen fühlen sich jetzt besonders entspannt an? Wähle eine Körperstelle aus. Lenke deine Einatmung zu dieser Stelle.

Spüre, wie dein Atemstrom zu dieser Stelle fließt, und mit der Ausatmung dehnt sich die Entspannung weiter aus. Spüre erneut in deinen Körper hinein. Wo fühlst du dich noch nicht entspannt? Wo belastet dich die Krise am meisten? Wähle eine Körperstelle aus. Lass nun deinen Atem dorthin fließen, und stelle dir vor, wie sich diese Stelle mit jeder Ausatmung entspannt. Dein Atem besitzt die Kraft, die Verspannung zu lösen. Mit jeder Ausatmung wird diese Körperstelle gelöster, weicher, entspannter und befreiter.

Wenn du das Gefühl hast, dass es sich nun gut anfühlt, wende dich einer weiteren Stelle deines Körpers zu, und wiederhole dies. Dein Atem strömt zur belasteten Verspannung, und bei der Ausatmung schmilzt sie, wird weicher, weiter, entspannter und freier. Speichere diesen herrlichen Entspannungszustand jetzt in dir ab. Bedanke dich für die schöne Erinnerung, die dir geholfen hat, dich zu entspannen. Genieße Dankbarkeit als eine wichtige Quelle deiner Freude, und sei dir bewusst, dass eine erste Heilung geschehen ist und weitere Heilung geschehen darf. Mit der nächsten Ausatmung gibst du deinem Entspannungsbild einen Platz in deinem Herzen. Es ist dort gut aufgehoben.

Nimm jetzt einen tiefen Atemzug und atme bewusst aus. Bewege deine Zehen. Bewege deine Finger. Spanne deine Körpermuskeln an, dehne und strecke dich. Wenn du bereit bist, öffne langsam wieder deine Augen, und komm im Hier und Jetzt an.

Willkommen zurück!

Schritt 3: Angstfrei und stark werden

Eine Krise zeichnet sich dadurch aus, dass du das Gefühl hast, die Kontrolle über die Ereignisse und dein Leben zu verlieren oder bereits verloren zu haben. Du siehst keine Möglichkeit und keinen Weg, die Dinge wieder in Ordnung zu bringen, weil die äußeren Umstände – dazu gehören auch innere Vorgänge wie eine Krankheit – dich einfach überwältigen. Doch Ängste können in Stärke verwandelt werden.

Du hast im vorigen Schritt erkannt, wer in dir die Hauptlast der Krise trägt und dich handlungs- und entscheidungsunfähig macht. Gleichzeitig gibt es in dir vermutlich einen Anteil, der versucht, seine Handlungsfreiheit zu behalten und der die Krise durch immer neue Pläne und andere Kontrollmechanismen abwenden will. Diese Polarität verwirrt zusätzlich und macht es nicht leichter.

Es kann sein, dass du dich über dich selbst wunderst, weil du dich irrational verhältst. Ein Anteil in dir weiß, dass du in einer Krise bist, und will alles schnell wieder unter Kontrolle bekommen. Ein anderer weiß, dass du einiges hinter dir lassen musst, um gestärkt aus der Krise hervorzugehen. Wieder ein anderer Anteil in dir will die Augen schließen und so tun, als wäre alles in Ordnung. Und dann gibt es noch denjenigen Teil in dir, der Zugeständnisse machen will, damit alles wieder in Ordnung kommt, obwohl sie ihm selbst nicht gefallen. Du bist also nicht nur in einer Krise, die du meistern musst, du bist auch noch völlig durch den Wind und suchst Klarheit, Logik und einen umsetzbaren Plan.

Liebe Leserin, lieber Leser, das Durcheinander darf so sein. Und wer weiß, vielleicht geht es ja auch genau darum.

Was passiert in dir, warum fühlst du dich so chaotisch? Bevor du deine Ressourcen und Talente nutzen kannst, solltest du Folgendes bedenken:

Die Phasen der Trauer

Kennst du die fünf Trauerphasen nach Elisabeth Kübler-Ross, einer bekannten Psychiaterin und Sterbeforscherin? Diese Phasen durchleben wir auch in einer Krise.

Die Phasen sind:

1. **Nicht-wahrhaben-Wollen, Leugnen und Verdrängen.** Das kennst du. Vielleicht ist es deshalb erst zur Krise gekommen. Und selbst, als nicht mehr übersehbar war, dass etwas nicht stimmt, verleugneten wir unsere Wahrnehmung immer noch, richtig? Wir rationalisieren, reden uns aus, was wir doch so deutlich fühlen. Warum tun wir das? Weil wir Angst haben und deshalb den Erstarrungs- oder Fluchtreflex nutzen. Es ist eine Phase, die wir, wenn wir in einer Krise stecken, am besten so schnell wie möglich hinter uns lassen. Die gute Nachricht für dich: Darüber bist du hinweg, sonst würdest du dieses Buch nicht lesen.

2. **Zorn und Wut.** Wir erkennen, dass wir machtlos sind, und jetzt folgt nach der Erstarrung und der Flucht die nächste Angstreaktion: der Angriff oder die Flucht nach vorn. Wir hadern mit Gott und der Welt, wir fühlen uns als Opfer der Umstände, was wir möglicherweise auch sind, wir regen uns auf und erzählen jedem davon. Wir greifen diejenigen an, die uns in diese Krise gebracht haben, welche höhergestellte Instanz auch immer das sein mag. Warum höhergestellt? Weil

sie offenbar Macht über uns hat, sonst hätte sie uns nicht in die Krise stürzen können. Jetzt müssen wir aufpassen, dass wir in unserem Zorn nicht ungerecht und schuldzuweisend werden, weil wir die wahren Schuldigen an der Krise nicht erkennen oder nicht erreichen, wer auch immer das ist. Oft genug sind wir selbst Teil davon.

3. **Verhandeln, Kämpfen, die Kontrolle zurückerlangen wollen.** Wir machen Versprechungen, uns selbst, Gott, unserem Partner etc. Wir wollen unser Leben zurückhaben. Wir sind noch nicht bereit zu erkennen, dass es das alte Leben nicht mehr gibt. Wir sind mitten im bereits erwähnten Imagoprozess: Wir versuchen, die Raupe, die wir einst waren, festzuhalten. Wir haben Angst, uns vollständig aufzulösen und uns selbst zu verlieren. Wir halten noch immer am Alten fest.

4. **Trauer.** Jetzt erkennen wir nach und nach, dass das Alte unwiederbringlich vorbei ist. Die Trauer zeigt uns, dass zumindest einige Bereiche in uns die Veränderung wahrgenommen und anerkannt haben. Sie bestätigt uns, dass wir erkannt haben: Wir sind mit dem Versuch, das Bisherige festzuhalten, gescheitert. Es ist uns bewusst. Wenn sich die Trauer zeigt, dann haben wir verstanden, dass wir uns wandeln müssen, weil sich die Umstände gewandelt haben.

5. **Akzeptanz und Annahme dessen, was ist (was nicht dasselbe ist wie Gutheißen).** Wir kommen in der Situation an. Wir werden still. Wir haben aufgehört zu hadern, verhandeln nicht mehr mit Gott, kämpfen nicht mehr, sondern wir ergeben uns in unser Schicksal, weil wir nicht anders können. Wir haben Federn gelassen, wir sind erschöpft, traurig, wir spüren unseren Verlust, und gleichzeitig können wir den Kopf wieder heben. Das Leben geht weiter, wenn auch anders. Jetzt sind wir bereit für eine echte Veränderung, selbst dann, wenn sie uns (noch) nicht gefällt.

Wir durchleben diese Phasen nicht fein säuberlich und chronologisch hintereinander und sind dann damit durch, sondern chaotisch. Mal sind wir in der fünften Phase der Akzeptanz, dann auf einmal können wir nicht glauben, was passiert und wollen es nicht wahrhaben. Wir sind wütend, gleichzeitig verhandeln wir mit der Welt um einen Ausweg. Das liegt daran, dass sehr viele unterschiedliche Anteile in uns diese Krise erleben, wie du es im letzten Schritt erkannt hast. Einige Anteile sind sofort in der Akzeptanz, während andere nicht einmal erkennen können, dass sie die Krise noch verleugnen. Das macht nichts. Es reicht uns, wenn wir die Anteile, die neue Entscheidungen treffen und auf neuer Grundlage bewusst handeln, aktivieren können. Zum Teil sind sie uns bekannt, wenn auch im Moment noch nicht bewusst, zum Teil entwickeln wir ganz neue Kräfte. Wenn genügend innere Anteile das, was geschehen ist, akzeptieren, werden wir frei, neue Wege zu gehen. Eine Krise katapultiert uns vom Platz, auf dem wir bisher im Leben standen, auf einen neuen Platz, der unbequem ist, den wir nicht haben wollen und so schnell wie möglich wieder verlassen möchten. Der Weg zurück ist uns aber versperrt. Wir fühlen uns ohnmächtig, gefangen in der Situation und wissen nicht, wie es weitergehen kann.

Öffne dich für ein Geschenk

Bleiben wir für einen Moment hier stehen, auch wenn es unbequem ist. Wir wollen unser altes Leben zurückhaben, zumindest in Anteilen. Wir wollen nicht in das unbekannte Neue, weil wir Angst davor haben, uns nie wieder so sicher und wohl zu fühlen wie bisher. Dieser Platz bietet uns, gerade weil wir nichts mehr tun können, ein großes Geschenk an.

Wie wäre es, wenn wir uns einmal in uns selbst umschauten und nach Kräften suchen würden, die wir bislang noch gar nicht erfahren haben oder nur wenig nutzen? Mit den Kräften, die uns im Bewusstsein sind, kommen wir im Moment nicht weiter. Also wäre es doch sinnvoll, wir öffneten uns dafür, Neues und Ungeahntes in uns zu entwickeln. Dabei hilft dir die nachfolgende innere Reise.

Innere Reise: Neue Ressourcen entwickeln

Erlaube dir, es dir ganz bequem zu machen. Schließe deine Augen, und entscheide dich, dem zu vertrauen, was du wahrnimmst. Deine inneren Kräfte warten nun darauf, entdeckt zu werden. Deshalb stelle dir ein Tor vor. Dieses Tor führt dich in deine innere Welt.

Es kann das Tor sein, das du schon kennst, vielleicht entsteht auch jedes Mal ein neues Tor. Du gehst durch das Tor hindurch und findest dahinter deine innere Landschaft. Sie ist wunderschön und strahlend, du fühlst dich augenblicklich wohl und sicher. Hinter dem Tor beginnt ein Weg, der dich durch deine innere Landschaft führt. Dieser Weg ist magisch. Er bringt dich immer genau dahin, wo das auf dich wartet, was du heute brauchst. Weil das so ist, bitten wir deinen Weg, dich zu den Kräften zu führen, die dir jetzt helfen. Der Weg glitzert einmal auf, ein Zeichen, dass er »verstanden« hat. Jetzt kannst du ihn entlanggehen.

Während du durch deine innere Landschaft spazierst, entspannst du dich mehr und mehr. Du erkennst vielleicht schon, dass deine Krise, so herausfordernd sie auch ist, eine

Chance sein kann, dich weiterzuentwickeln. Wenn das für dich nicht stimmig ist und du nur Schmerz und Verzweiflung fühlst, dann darf selbstverständlich auch das sein. Der Weg gibt dir Kraft, deinen Schmerz und deine Verzweiflung leichter zu tragen.

Jetzt merkst du, dass der Weg dich zu einem zweiten Tor führt. Du gehst hindurch und befindest dich in einer anderen Dimension. Hier gibt es Schutzengel und Krafttiere, hier wirkt sogar die Kraft deiner Seele. In dieser Dimension gibt es Energien, die darauf warten, dir auf deinem Lebensweg und ganz besonders jetzt zur Seite zu stehen.

Vielleicht glaubst du nicht an solche Kräfte, doch das spielt im Moment keine Rolle, denn du nimmst sie ja wahr. Vielleicht sind es Ressourcen aus deinem Inneren, die sich als Schutzengel oder Krafttiere zeigen, vielleicht gibt es diese Kräfte tatsächlich, wer weiß das schon? Es spielt keine Rolle, denn alle schauen jetzt auf dich. All diese Wesen stehen dir zur Verfügung. Alle strömen jetzt ihre speziellen Kräfte zu dir hin. Nimm sie einfach an.

Du spürst, wie du innerlich immer stabiler und klarer wirst, wie du dich wieder geborgen und sicher fühlst. Atme tief auf. Die Kräfte sagen dir: »Wir sind immer für dich da, doch wir können nur wirken, wenn du uns rufst. Deshalb rufe uns jetzt ganz bewusst, dann helfen wir dir.«

Du kommst dir vielleicht ein bisschen komisch vor, weil du das noch nie gemacht hast, doch du hast einen freien Willen. Deshalb dürfen die Kräfte nur eingreifen, wenn du es entscheidest. Wenn du möchtest, dann sprich es laut aus: »Ich bitte meine geistigen und spirituellen Helfer, meine Schutzengel und Krafttiere, für mich da zu sein. Ich bitte euch um Hilfe. Helft mir in dieser Situation!«

Spüre, wie noch mehr Energie in dich einfließt, und denke jetzt an das Symbol der inneren Reise »Hilfe für deine am schwersten betroffenen inneren Anteile«, Seite 65. Stelle es dir deutlich vor. Hat es sich in deiner Vorstellung ein wenig verändert, dann nimm die geänderte Version, denn dann geschieht bereits Heilung. Schicke jetzt in Gedanken dieses Symbol zu deinen helfenden Kräften. Sieh zu, wie das Symbol von den Schutzengeln gereinigt, von den Krafttieren berührt oder gefressen wird.

Ganz gleich, was mit diesem Symbol passiert – lass es geschehen. Deine spirituellen und geistigen Kräfte kümmern sich jetzt um dein Thema. Erlaube, dass geschieht, was geschehen möchte. Nimm wahr, dass dein Symbol zu dir zurückkommt. Es hat sich verändert. Vielleicht vollkommen, vielleicht nur um eine Nuance. Es fühlt sich jetzt auf jeden Fall anders an. Die Kraft deiner spirituellen und geistigen Helfer wirkt, sie transformiert und heilt deine Situation von nun an jeden Tag mehr und mehr.

Komm jeden Tag hierher, in diesen besonderen Innenraum, und bitte um Hilfe. Deine geistigen Führer und Lehrer sind immer für dich da und wollen dir helfen, das ist ihre Aufgabe. Es sind deine inneren Kräfte, die sich hier zeigen und dir zur Verfügung stehen. Erlaube ihnen zu wirken. Lass das Symbol bei deinen Schutzengeln und Krafttieren zurück. Sie werden sich weiterhin darum kümmern, deine Situation nach und nach in die Heilung bringen und klären.

Jetzt gehst du durch das Tor zurück auf den Weg, der dich durch deine innere Landschaft führt. Du siehst das nächste Tor, durch das du gekommen bist, und gehst hindurch. Du bist jetzt wieder voll und ganz hier im Raum. Atme tief, und öffne dann deine Augen.

Führe diese Meditation am besten täglich durch, bis du deine Krise gemeistert hast. Das Symbol wird sich weiter verändern. Vertraue diesem Prozess. Du musst nicht alles allein machen. Deine inneren Kräfte, wie auch immer du sie wahrnimmst, stehen dir jederzeit zur Verfügung!

Angst in Stärke umwandeln

Angst, wie man sie in einer Krise erlebt, lässt uns erstarren und schwächt uns grundlegend. Das Gefühl der Angst ist eine normale Reaktion auf eine Gefahr, die uns im Alltag begegnet, oder auf eine Krise, die uns ereilt. Jeder von uns kennt diese Art von Angst. Sie kann uns lähmen, schwächen, blockieren, einschüchtern, aber wir haben fast immer die Möglichkeit, die Ursache der Gefahr auszuschalten, ihr zu entkommen oder sie abzuschwächen.

Reisen wir in der Geschichte ein wenig zurück und betrachten unsere Vorfahren in Zeiten des Säbelzahntigers. Natürlich hatten die Menschen vor dem Raubtier Angst, doch diese Angst löste in ihnen unbändige Kräfte aus. Flucht oder Kampf – mehr andere Möglichkeiten hatten sie nicht. Und da der Mensch einem Tiger von der Laufgeschwindigkeit her unterlegen war und ist, war es der Kampf, für den man sich entschied. Die Angst machte Mut, der Überlebenswille wurde aktiviert, so besiegten unsere Vorfahren im Kampf auf Leben und Tod die Säbelzahntiger.

Wir lernen daraus: Schon damals wandelten Menschen Angst in Stärke um. Ja, das ist machbar! Auch das Durstgefühl sicherte unser Überleben. Hätten unsere Vorfahren ihre Angst zu verdursten psychologisch überwinden können, dann wären sie ganz bestimmt verdurstet. Angst stellte früher also einen besonders wichtigen Sinnes- und Überlebensreiz dar.

Wir kommen in unsere Gegenwart zurück: Wovor muss man heute wirklich Angst haben? Eine spannende Frage, die jeder Einzelne etwas anders beantworten wird. Ängste können alle Bereiche des Lebens betreffen. Sie entstehen meist aus eigenen oder im Freundeskreis beobachteten negativen Erfahrungen. Ergo folgern wir: Diese Situation ist nicht gut, die Konsequenz gefällt uns nicht. Das wollen wir nicht. Also entwickeln wir eine Angst davor. Viele diese Situationen können wir umgehen, z.B. im Roten Meer im ausgewiesenen Hai-Gebiet tauchen. Oder steile Felswände ungesichert hochklettern. Anderen angstbefleckten Situationen müssen/sollten wir uns aber stellen, z.B. dem Zahnarzt, dem Chefgespräch, der Krebsvorsorgeuntersuchung, der Steuerprüfung, dem Vortrag vor vielen Menschen, der akuten Krise und anderem. Hier bleibt uns nicht viel anderes übrig, da müssen wir durch. Also ist es besser zu hinterfragen, ob die Angst vor und in solchen Situationen wirklich in Umfang und Intensität gerechtfertigt ist oder nicht. In den meisten Fällen steigern wir uns in etwas hinein und vermiesen uns damit zusätzlich eine Menge Lebensqualität.

Um aus dieser Angst herauszukommen, müssen wir lernen, angemessen auf Situationen und Krisen zu reagieren. Der Säbelzahntiger steht in der heutigen Zeit zum Glück nicht mehr vor uns. Stattdessen lässt uns unser heutiger stressiger Lebensstil zahlreiche Ängste entstehen, die wir mit einem besseren Stress- und Zeitmanagement verhindern könnten. Auch müssen wir verstehen: Angst beginnt immer im Kopf! Wir können also mit passenden Denkstrategien Angst beeinflussen und dort, wo sie unnötig ist, korrigieren oder diese dort, wo sie angebracht ist, abschwächen.

Angst kann ebenso lähmen wie beflügeln. Es ist ein ähnliches Phänomen wie beim Stress: Dieser kann destruktiv (Disstress) oder konstruktiv (Eustress) wirken. Es gilt also, in der Krise, die du gerade erlebst, die Angst zwar anzunehmen und zu akzeptieren, sich aber nicht von ihr dominieren zu lassen.

Ein wichtiger Weg, Angst zu besiegen, ist die Entspannung. Dazu haben wir dir im Kapitel »Schritt 1: Finde Ruhe und neue Sicherheit« schon einiges erzählt und dir das Autogene Training ans Herz gelegt.

Merke: Entspannung ist das Gegenteil von Anspannung, die durch Angst entsteht. Durch die Beruhigung lockert sich die verspannte Muskulatur, der beschleunigte Herzschlag verlangsamt sich, der angestiegene Blutdruck sinkt. Angst versetzt den Körper sofort und automatisch in einen Alarmzustand. Über Entspannung können wir entgegenwirken, den Stress abbauen und mit klarem Verstand auf die Angstsituation schauen. Allein dadurch verliert die Angst in vielen Fällen ihre Stärke und Bedeutung.

Spannungen abbauen mit Progressiver Muskelentspannung

Weiterführend stellen wir dir jetzt die Progressive Muskelentspannung vor: Die Progressive Muskelrelaxation (PMR) nach Dr. Edmund Jacobson ist eine weltweit praktizierte Methode, bei der durch willentliche Anspannung und Entspannung bestimmter Muskelgruppen ein wohliger Zustand tiefer Entspannung des Körpers erreicht wird. Hintereinander werden Muskelpartien in festgelegter Reihenfolge zunächst angespannt, dann entspannt. Die Konzentration des Übenden richtet sich auf den Wechsel zwischen Anspannung und Entspannung sowie auf die Empfindungen und Körpergefühle, die mit den Zuständen einhergehen. Wozu dient dir das? Normalerweise spüren wir kaum, ob wir gerade angespannt sind oder nicht. Wenn du lernst, bewusst wahrzunehmen, ob z.B. deine Schultermuskeln entspannt sind, hast du ein Werkzeug, das du im Alltag anwenden kannst. In der Krise sind sicherlich weitaus mehr Muskeln verkrampft, als es dir guttut. Diese Technik hilft dir, bewusst loszulassen.

Ziel ist eine Reduzierung der Muskelspannung, die durch eine verbesserte Körperwahrnehmung erreicht wird. So lernt der Übende, muskuläre Entspannung herbeizuführen, wann immer er möchte. Zudem können durch die Muskelentspannung Symptome körperlicher Unruhe oder Erregung reduziert werden, z.B. Herzklopfen, Zittern oder Schwitzen. Muskelverspannungen können gelockert, Schmerzzustände sogar verringert werden.

Wir schenken dir eine kurze Version der Progressiven Muskelrelaxation, die du jederzeit für dich nutzen kannst. Sie ist sehr simpel, dafür äußerst wirksam.

Die Muskeln entspannen ... und dich selbst

Setze dich auf einen bequemen Stuhl. Lehne deinen Rücken an, und stelle beide Füße fest auf den Boden. Schließe deine Augen, und lege die Hände locker auf deine Oberschenkel. Atme ruhig ein und aus, und beobachte, wie sich deine Bauchdecke beim Einatmen hebt und beim Ausatmen senkt. Balle nun deine rechte Hand zur Faust, bis du die Muskeln deutlich spürst. Atme auch während des Anspannens ruhig weiter, ohne zu verkrampfen. Halte die Anspannung 10 Sekunden lang.

Löse mit der Ausatmung die Spannung, und öffne deine Faust. Lass die rechte Hand und den Arm 30 Sekunden lang ruhig und entspannt auf dem Oberschenkel liegen. Werde dir bewusst, wie unterschiedlich sich dein rechter Arm vorher in Anspannung und jetzt in Entspannung anfühlt.

Wende dich nun deinem linken Arm zu. Balle deine linke Hand zur Faust, bis du die Muskeln deutlich spürst. Atme beim Anspannen ruhig weiter. Halte die Anspannung 10 Sekunden lang.

Löse mit der Ausatmung die Spannung, und öffne deine Faust. Lass deine linke Hand und den Arm 30 Sekunden lang ruhig und entspannt auf dem Oberschenkel liegen. Werde dir bewusst, wie unterschiedlich sich dein linker Arm vorher in Anspannung und jetzt in Entspannung anfühlt.

Kralle nun deine rechten Zehen ein, bis du die Muskeln in deinem rechten Fuß und Bein deutlich spürst. Atme auch beim Anspannen ruhig weiter, ohne zu verkrampfen. Halte die Anspannung 10 Sekunden lang.

Löse mit der Ausatmung die Spannung und öffne deine Zehen. Lass deinen rechten Fuß und das Bein 30 Sekunden lang ruhig und entspannt stehen. Werde dir bewusst, wie unterschiedlich sich dein rechtes Bein vorher in Anspannung und jetzt in Entspannung anfühlt.

Wende dich deinem linken Fuß zu. Kralle deine linken Zehen ein, bis du die Muskeln in deinem linken Fuß und Bein deutlich spürst. Atme beim Anspannen ruhig weiter. Halte die Anspannung 10 Sekunden lang.

Löse mit der Ausatmung die Spannung und öffne deine Zehen. Lass deinen linken Fuß und das Bein 30 Sekunden lang ruhig und entspannt stehen. Werde dir bewusst, wie unterschiedlich sich dein linkes Bein vorher in Anspannung und jetzt in Entspannung anfühlt.

Öffne deine Augen, bleibe kurz sitzen und spüre nach.

Wir hoffen, dir hat diese Übung richtig gutgetan. Sie ist optimal geeignet, um Entspannung für den Körper zu bewirken, indem der Wechsel von bewusster Anspannung auf bewusste Entspannung vollzogen wird. Du kannst dabei neben Armen und Beinen auch andere Körperpartien ansprechen, den Rücken, das Becken, den Nacken etc. Durch die Muskelentspannung baust du auch psychischen Stress ab und holst dir neue Kraft, um mit deiner Krise besser umgehen zu können.

Umgang mit Angst

Als Kind und Jugendlicher lässt es sich leichter leben. Man trägt noch keine Verantwortung und hat alle Zeit der Welt. Doch je älter wir werden, arbeiten, eine Familie gründen, einen hohen Kredit aufnehmen für den Hauskauf etc., desto mehr Verantwortung tragen wir auch, desto mehr lastet auf unseren Schultern. Dazu summieren sich die negativen Erfahrungen, die wir machen: Irgendwann sterben die Eltern, man verliert seinen Job oder ist unglücklich darin, eine langjährige Partnerschaft geht traurig auseinander, es kommen erste ernstere Krankheiten, denen man sich stellen muss etc. Die Einschläge und Krisen werden, je älter wir werden, größer und fundamentaler. Das ist der Lauf der Zeit.

Es ist einerseits ganz normal, Ängste daraus zu entwickeln. Andererseits: Je älter wir werden, desto mehr Lebenserfahrung haben wir auch. Desto mehr Wissen und Weisheit. Wir haben bis jetzt immer, aus jeder noch so schwierigen Lebenssituation, Wege heraus gefunden. Hier sind wir! Immer noch da! Jede Angst bisher besiegt und jede Krise des Lebens überwunden. Aus diesen positiven Erfahrungen gilt es, Kraft zu schöpfen. Kraft, dass wir enorm viele Stärken haben. Kraft, die uns innewohnt und die wir bisher stets nutzen konnten. Wozu also immer mehr Ängste entwickeln, wenn wir bisher doch alle Krisen besiegen konnten und immer noch gut im Leben stehen. Nutzen wir doch unsere Erfahrung, unser Wissen und unsere Lebensweisheit, um Ängste realistischer und nicht gleich als große Panikmacher zu bewerten.

Über Ängste zu sprechen tut gut

Wer still und starr in seiner Angst gefangen ist, wird darin zeit seines Lebens gefangen bleiben. Schweigen ist hier ganz sicher nicht die empfohlene Prämisse. Im Gegenteil: Wer über seine Ängste spricht und sich aktiv damit auseinandersetzt, hat deutlich größere Chancen, aus dem Angstkreislauf auszubrechen. Angst ist leider immer noch ein Tabuthema. Wir leben in einer Leistungsgesellschaft, in der jeder bestmöglich aussehen, sportlich und erfolgreich sein soll bzw. will. Das Perfekte wird angestrebt und verehrt. Viele Menschen denken, dass ihre Ängste ihnen als Schwäche ausgelegt werden, und schämen sich dafür. So schlucken sie ihre Gefühle herunter und verstecken sie. Das geht aber nicht lange gut, da die Ängste uns einholen. Viel klüger ist es, mit guten Freundinnen und Freunden über seine Ängste zu reden. Ehrlich darüber zu berichten, was einem Angst macht und warum man sich vor dieser Situation fürchtet, was einem passiert ist, wie die persönliche Krise aussieht und was sie in einem bewirkt. Im Austausch fühlt man sich angenommen und verstanden. Oft verlieren Ängste hier ihre Bedeutung, wenn andere Erfahrungen oder Erlebnisse gegenübergestellt werden, wie dieselbe Angst oder Krise besiegt werden konnte. So darf aus Angst Stärke werden.

Wir empfehlen jedem, sich mit seinen Ängsten zu beschäftigen und sich seinen Krisen zu stellen, denn dadurch lernt man sich selbst besser kennen und kann eine wertvolle und gewinnbringende Persönlichkeitsentwicklung in Gang setzen, in deren Verlauf man sich ganz sicher von der einen oder anderen Angst verabschieden kann.

Selbsttest: Wie gut kann ich meine Ängste in Stärke umwandeln?

Folgender Fragebogen hilft dir dabei zu erkennen, wie gut du aktuell deine Ängste in Stärke umwandeln kannst. Anhand von zwanzig Aussagen und deiner persönlichen Einschätzung erhältst du mit der Auswertung wichtige Impulse für deine Persönlichkeitsentwicklung. Je Aussage stehen dir die Codes 1 bis 5 zur Verfügung.

5 = trifft absolut zu
4 = trifft meistens zu
3 = 50:50
2 = trifft selten zu
1 = trifft nie zu

Nr.	Leitsatz	Code
1	Ich konnte schon zahlreiche Ängste, die ich hatte, ablegen und besiegen.	
2	Wenn ich vor etwas Angst habe, stelle ich mich trotzdem der Situation bzw. der Krise.	
3	Angst macht mir keine Angst – ich betrachte sie als einen Motivationsschub.	
4	Ich spreche über meine Ängste.	
5	Ich nutze Entspannungstechniken, um meine Ängste herunterzufahren.	
6	Immer, wenn ich mich meiner Angst gestellt habe, konnte ich mental wachsen.	
7	Ich beherrsche eine erprobte Notfallstrategie gegen Angst.	

Nr.	Leitsatz	Code
8	Wenn mein Partner bzw. meine Partnerin vor etwas Angst hat, mache ich ihm/ihr Mut.	
9	Mein Motto lautet: Ängste sind dazu da, um überwunden zu werden.	
10	Angst löst in mir das Bedürfnis aus, diese Situation bzw. Krise zu klären.	
11	Ich kann mit dem Gefühl der Angst gut arbeiten, denn Angst schärft meine Sinne.	
12	Das Leben ist viel zu wertvoll, um in ständiger Angst vor irgendetwas zu sein.	
13	Meine eigene Persönlichkeitsentwicklung ist mir sehr wichtig.	
14	Ich hinterfrage meine Ängste.	
15	Geistige Stärke ist das größte Gut, das wir Menschen haben.	
16	Für gemachte Fehler bin ich auch bereit, mich zu entschuldigen.	
17	Ich bin interessiert an Kraftmeditationen.	
18	Wenn mir eine Angst zu groß wird, dann suche ich mir Hilfe.	
19	Ängste dürfen sein – sie dürfen nur nicht mein Leben bestimmen.	
20	Ich bin mutig und bereit, aus meinen Ängsten zu lernen und daraus zu erstarken.	

Addiere zur Auswertung deine Codes.

20–42 Punkte: In der Angst und der Krise gefangen – genau diese Aussage scheint auf dich zuzutreffen. Leider fehlt dir die Möglichkeit, Angst als Chance zu deuten, da die Angst einfach überwiegt und dich regelrecht lähmt. Überlege: Wovor hast du alles Angst? Sei ganz ehrlich zu dir. Sind schon einige Dinge, oder? Du musst lernen, das Wort und die Situation »Angst« neu zu definieren. Auszubrechen aus dem bisherigen Gefängnis, das dich ohnmächtig werden und dir keine Chance auf Kraft zuließ. Fange an zu meditieren, denke positiver, verändere dein Handeln. Sprich über deine Ängste und versuche, Schritt für Schritt Stärke daraus zu gewinnen, indem du eine Angst nach der anderen unter die Lupe nimmst und abbaust. Sei mutig! Und starte gleich mit der Angst, die die Krise in dir ausgelöst hat.

43–79 Punkte: Ängste werden von dir betrachtet und so gut es geht eliminiert. Doch es fehlen dir noch einige Ansätze sowie der bedingungslose Wille, aus jeder Angst eine Stärke zu generieren. Ängste dürfen für dich sein, doch manchmal werden sie dir zu unangenehm und dann lieber vermieden. Wegschauen mag auf den ersten Blick angenehmer sein, doch die Ängste werden wiederkommen. Stelle dich ihnen und versuche, in jeder Angst Ressourcen zur Problemlösung und zur Überwindung deiner Krise zu entdecken. Sei dabei kreativ und gehe auch neue Wege.

80–100 Punkte: Herzlichen Glückwunsch! Du bist auf einem fantastischen Weg, deine Krise zu meistern, denn du hast gelernt, aus Ängsten Kraft zu gewinnen. Du stellst dich deinen Ängsten und hinterfragst diese. Eine objektive Sichtweise ermöglicht dir einen Ausstieg aus dem emotional belastenden Moment und schenkt dir Lösungsoptionen. Du verfügst über bewährte Tools der Entspannung, um Ängsten wirkungsvoll entgegenwirken zu können. Im Sinne einer stetigen Persönlichkeitsentwicklung, in der du dich befindest, kennst du dich, deine Stärken und Schwächen, und kannst gezielt auf Störfaktoren wie Ängste Einfluss nehmen. Nutze diese Fähigkeit als wichtige Ressource, um deine Krise zu besiegen!

Innere Reise: Die Insel der Kraft

Wir schenken dir eine besondere Kraftmeditation, mit der du deine innere Kraft und deinen Geist stärken kannst. Mach diese innere Reise regelmäßig, dann hast du die Chance, deinen Ängsten gelassener begegnen zu können und über Programmierung deine Stärken zu aktivieren, die du jetzt, in der Krise, dringend brauchst.

Schließe deine Augen und spüre deinen Körper. Atme tief ein und aus, in deinem natürlichen Rhythmus. Konzentriere dich auf deinen Atem, wie er kommt und geht, und lass ankommende Gedanken einfach weiterziehen wie Wolken am Himmel. Nichts hat jetzt Bedeutung.

Wenn du bereit bist, stelle dir vor, dass du im warmen weißen Sand an einem südlichen Strand sitzt. Vor dir siehst du das türkisfarbene Meer, über dir den tiefblauen Himmel. Du bist eins mit der Natur und spürst die Wärme des Sandes, riechst die würzige Meeresluft und lauschst dem Flüstern der sanften Wellen. Eine feine Brise kommt vom Meer her und umschmeichelt dich, spielt in deinem Haar. Du spürst die Sonne auf deiner Haut, die dich wärmt und in ein goldenes Licht hüllt. In einiger Entfernung siehst du eine kleine, mit Palmen bewachsene Insel im Meer. Über dir hörst du den Gesang der Möwen, die wild und frei segelnd ihr Leben genießen. Alle Eindrücke sind sanft und warm, und du genießt diesen Moment voller Harmonie und Frieden sehr.

Du würdest so gern zu dieser geheimnisvollen Insel schwimmen, dich dort in den warmen Sand legen und eins sein mit der Natur. Es scheint ziemlich weit zu sein bis dorthin, aber du fühlst dich stark und geschützt.

Langsam steigst du in das warme Wasser, das dich mit leisen Wellenbewegungen zart umspült und trägt. Du schwimmst ohne Mühe und voller Vertrauen mit kräftigen Zügen auf die Insel zu. Du fühlst dich frei, stark und glücklich – wie die Möwen über dir.

Am Ufer angekommen, legst du dich in den feinen, warmen Sand. Über dir spenden einige Palmen Schatten, und du hörst dem Vogelgezwitscher und dem leisen Wellenschlag zu. Hier herrschen Harmonie und Frieden, hier bist du eins mit der Natur. Du bleibst eine ganze Weile liegen, genießt die Wärme und die Vollkommenheit. Du atmest tief die Meeresluft ein, du nimmst mit allen Sinnen diese pure Vollkommenheit in dir auf.

Als die Sonne langsam immer tiefer sinkt, lässt du dich wieder in das warme Meer hineingleiten. Du nimmst das Gefühl der Vollkommenheit in deinem Herzen mit, genießt das warme Wasser und schwimmst erholt und kraftvoll zurück.

Wenn du den Strand erreicht hast, packst du deine Kleider und machst dich langsam auf den Rückweg in dein Hier und Jetzt. Du nimmst die Wärme, die Kraft und die Harmonie mit in deinen Alltag.

Wenn du ganz im Hier und Jetzt, in diesem Raum, angekommen bist, öffne deine Augen. Bleibe noch eine Weile ganz bei dir, und spüre dem wundervollen Gefühl der soeben erlebten Vollkommenheit nach.

Der imaginäre Helfer

Wenn du in eine Situation gerätst, die Angst bei dir auslöst, z.B. jetzt diese Krise, in der du steckst, hole dir Hilfe von einem imaginären Helfer. Dieser soll dich unterstützen, dir Kraft schenken und gut zuzureden. Dein imaginärer Helfer kann jeder und alles sein: ein Einhorn, ein Waldgeist, ein verstorbener Mensch, ein Krafttier, dein persönlicher Schutzengel ... Wähle mit Bedacht aus, wer dir jetzt in der Krise helfen soll. Diesen schreibst du auf oder zeichnest ihn.

Mein imaginärer Helfer:

Schritt 4: Verwandle die Krise in eine Chance

Ziehen wir einmal ein Fazit. Was hast du bisher erreicht?

- Du hast dich entschieden, dieses Buch zu kaufen, um deine Krise zu meistern.
- Du hast entschieden, in dir selbst einen Platz der Ruhe zu finden, auch wenn alles drunter und drüber geht.
- Du hast entschieden, dich dir selbst zuzuwenden und dem Anteil in dir Aufmerksamkeit zu schenken, der diese Krise als besonders bedrohlich wahrnimmt.
- Du hast dich entschieden, neue Kräfte in dir zu finden, egal wie hilflos du dich in Bezug auf deine Krise fühlst.

Wow! Erkennst du, was du tust? Du nutzt diese Krise, um zu reifen. Du verwandelst dich von der Raupe in den Schmetterling, auch wenn du noch keine Idee hast, wohin dein Weg dich führen wird. Und das, obwohl du ganz bestimmt nicht nach einer Veränderung gerufen hast, oder falls doch, dann nur ganz leise. Du machst das großartig und darfst stolz auf dich sein! Außerdem darfst du dir selbst dankbar sein.

Probiere einmal Folgendes aus ... Stelle dich vor einen Spiegel, und sage dir selbst: »Danke, dass du mich durch diese Krise hindurch begleitest.« Wie fühlt sich das an? Erkennst du, dass du schon allein dadurch, dass du bis jetzt an deiner Seite geblieben bist, etwas Neues gelernt hast?

Na ja, wo soll ich sonst auch hin, könntest du sagen. Doch wenn du einmal zurückdenkst, dann wird dir sicher klar: Üblicherweise verlassen wir uns selbst während einer Krise. Wir ziehen unser Leben entschlossen weiter durch, wir machen das Beste daraus, das schon. Wir sind tapfer. Doch wir bleiben nicht an unsere Seite, hören uns nicht zu, wenden uns nicht nach innen, geschweige denn machen wir uns die Mühe herauszufinden, wer in uns diese Krise überhaupt erlebt. Wir machen weiter, aber etwas in uns bleibt dabei auf der Strecke, und das hängt uns in Form einer seltsamen emotionalen Taubheit, einer Traurigkeit, einem Groll oder Ähnlichem nach. Vielleicht haben wir einen Traum begraben, schulterzuckend abgehakt, uns energetisch ein Stück nach unten bewegt und uns erzählt, dass das Leben eben kein Ponyhof ist.

Wie wäre es, wenn wir dir sagen: »Doch, genau das ist es.« Aber manchmal muss man auf einem Ponyhof schubkarrenweise Mist wegbringen, einen Tierarzt rufen, sogar mit dem Tod umgehen. Freude, Glück, Liebe und Verbundenheit gehen immer auch mit Anstrengung einher. Also, erinnere dich: Das Leben ist ein Ponyhof! Du kannst mit den Pferdchen kuscheln, du kannst Spaß haben, reiten und alles tun, was du willst, doch gerade jetzt müssen wir eben die Ställe ausmisten.

Stelle dir diesen Ponyhof einmal so schön und fröhlich vor, wie es dir nur möglich ist. Überall sind süße Tiere, die du streicheln kannst. Deinem Inneren Kind geht es hier wunderbar, der Erwachsene in dir weiß aber auch, dass die Tiere Pflege benötigen. Und jetzt komm mal mit.

Siehst du das dahinten? Das sind Strohballen. Die Ponys brauchen das Stroh als Unterlage, und zum Teil fressen sie es auch. Gehen wir hinüber zum golden schimmernden Stroh. Greife hinein – fühlst du das? Sag mal, an welches Märchen könnte uns dieses Stroh erinnern? Richtig, die Müllerstochter, die Stroh zu Gold spinnen soll. Mit Gold könnten unsere Ponys nicht viel anfangen, doch wir lassen uns von dem Bild einmal weitertragen durch folgende Frage:

Kannst du dir vorstellen, dass deine Krise irgendetwas Positives hat? Das ist schwierig, wenn man mittendrin steckt, und gleichzeitig: Wie wäre es, wenn du das Stroh der Krise zum Gold der Chance spinnen würdest?

Lass uns schauen, ob wir irgendwo ein bisschen Gold finden oder herbeizaubern können, indem wir deine Krise hiermit zur Chance deklarieren. Es ist eine Entscheidung, die du treffen kannst. Wie wäre es, wenn du jetzt die Entscheidung triffst: Diese Krise nutze ich als Chance für mein Leben!

Das hast du großartig gemacht, eine weise und kluge Entscheidung. Schauen wir uns also an, auf welche Weise du dein Leben verbessern könntest, indem du die aktuelle Krise als gewinnbringende Chance nutzt.

Lies dir die nachfolgenden Fragen durch, und hab sie lieb, wie Rilke sagen würde. Lass sie in dir wirken. Das sind Coaching-Fragen, die keine sofortige Antwort erfordern, sondern die wie ein Wunder-Lösungsmittel für eventuell verkrustete Denkmuster wirken können. Lass sie in dich einsinken, und erlaube, dass sie sich nach und nach selbst beantworten.

- Wenn du es wüsstest und wenn du es dir erlauben könntest, auf welche Weise würde dir diese Krise das ermöglichen, was du dir so lange schon wünschst?
- Wenn es in dieser Krise eine goldene Kugel gäbe, ein Geschenk, ein Wunder, welches könnte das sein?
- Angenommen, du wärst dein bester Freund und würdest dich in dieser Krise ermutigen wollen, was genau würdest du dir sagen?
- Angenommen, diese Krise wäre gar keine Krise, sondern in Wahrheit eine Veränderung zum Guten, was könnte das für dich bedeuten? Was würdest du antworten?
- Wenn du es wüsstest und formulieren könntest, welchen Anteil hast du selbst an dieser Krise?

Puh, was soll die letzte Frage, könntest du denken, doch schau einmal sehr mutig und klar genau hin. Wenn du auf irgendeine Weise dazu beigetragen hättest, dass diese Krise überhaupt erst entstehen konnte, was ja auch bedeutet, dass man einiges möglicherweise nicht gesehen hat oder nicht sehen wollte, also auch nicht reagieren konnte ... Was in dir könnte das sein? Das ist die wesentliche Frage, wenn wir Stroh zu Gold spinnen wollen.

Was genau ist eigentlich das Stroh? Was ist dein Stroh? In welchen Bereichen hast du nicht reagiert, zu lange einfach nur Ja gesagt, etwas nicht wahrhaben wollen, weil du Angst vor den Konsequenzen hattest?

Schauen wir hin, auch wenn es wehtut. Wenn wir etwas ändern und schöpferisch tätig werden wollen, dann brauchen wir Klarheit.

Die folgende Meditation hilft dir, das innere Krisengebiet wieder oder sogar zum ersten Mal in eine blühende und fruchtbare innere Landschaft zu verwandeln.

Innere Reise: Stroh zu Gold spinnen

Mach es dir richtig gemütlich. Erlaube dir, die Augen zu schließen und deine Aufmerksamkeit nach innen zu richten. Es gibt nichts mehr für dich zu tun, du brauchst jetzt niemandem zu gefallen, für niemanden zu sorgen, es niemandem recht zu machen. Es geht nur um dich. Du hast dich gerade für einen sehr wichtigen Schritt entschieden: den Schritt, aus dem Opfer der Krise, das du sicherlich bist, zum Schöpfer deines Lebens zu werden. Mit dieser Absicht stellst du dir jetzt das Tor vor, das dich sanft und sicher in deine innere Welt führt.

Du gehst durch das Tor hindurch und befindest dich in deiner inneren Welt, in einer wunderschönen Landschaft, in der du dich wohl und sicher fühlst. Alles, was in deinem Leben geschieht, all deine Kräfte und Ressourcen, aber auch das Ungleichgewicht, das eventuell in dir herrscht, zeigen sich hier in dieser inneren Landschaft.

Hier findest du alles, was dich ausmacht. So findest du hier auch den Bereich, den du jetzt in Gold verwandeln darfst. Es ist der schmerzende, der enttäuschte Bereich, wo es wirklich wehtut. Da gehen wir jetzt zusammen hin.

Du musst vorher nicht wissen, welcher Bereich genau das ist, du hast deinen magischen Weg. Wenn du möchtest und sich das für dich gut anfühlt, dann sage dem Weg: »Gehen wir Stroh zu Gold spinnen.« Der Weg glitzert einmal auf, und du weißt, er hat dich verstanden. Du gehst den Weg entlang durch deine innere zauberhafte, kraftvolle Welt. Da gesellen sich Wesenheiten an deine Seite, innere Kraftgeber, die sich dir als Krafttiere oder Engel zeigen. Das sind deine inneren Kräfte, die dich begleiten.

Vielleicht wusstest du nicht, dass du so viele innere Kräfte hast, schon gar nicht in dieser schwierigen Situation. Doch sie sind da und an deiner Seite. Jetzt näherst du dich dem Bereich, in dem die Enttäuschung stattgefunden hat, der Verlust, die Krise, in der du dich befindest. So gut es war zu erkennen, dass viele Bereiche deiner inneren Landschaft gesund und glücklich sind, so sehr schmerzt es dich, jetzt zu sehen, dass es in dir auch ein Katastrophengebiet gibt.

Der Weg führt dich genau darauf zu, und das ist richtig so, denn hier dürfen wir aufräumen. Es gibt am Rande des schmerzhaften Bereichs, den du jetzt betrittst, eine gemütliche Sitzgelegenheit für dich. Setze dich, und deine inneren Kräfte sind um dich.

Auch wenn du jetzt im schmerzlichen Bereich deiner Innenwelt bist, darfst du dich entspannen. Schaue mit wachen Augen auf diese Schmerzregion. Es ist das Gebiet der Enttäuschung, des Verlustes, der Ängste, der Scham, der verlorenen Liebe oder worum auch immer es bei dir geht.

Auf einmal erscheint ein Licht über diesem Bereich deiner inneren Landschaft: das Licht der Erkenntnis und Bewusstwerdung. Dieses Licht wird stärker, und du empfängst, wie du deine Krise als Chance nutzen könntest. Du nimmst wahr, was vielleicht schon länger nicht mehr stimmig war, auf welche Weise du am Glücklichsein gehindert wurdest, wie du dich selbst verbogen, alte Verletzungen aus deiner Vergangenheit wiederholt hast oder wie dein eigenes Verhalten dazu führte, dass du dich jetzt in dieser Situation der Krise befindest.

Du erkennst deinen Teil der Verantwortung, der zur Krise beigetragen hat. Das ist eine hervorragende Nachricht. Denn wenn du zur Krise beigetragen hast, kannst du sie beim nächsten Mal abwenden, indem du dich anders verhältst und anders denkst. Stärker und stärker wird das Licht der Erkenntnis, und immer klarer wird dir, auf welche Weise dir diese Krise dienen könnte. Vielleicht erlangst du auf zwar sehr schmerzliche und dennoch gute Weise Freiheit, vielleicht wirst du durch die Krise angehalten, dich weiterzuentwickeln, dich aus Abhängigkeiten zu befreien und deine eigenen Kräfte zu entfalten.

Du spürst, dass es nicht darum geht, dir etwas schönzureden, sondern darum, so viel Gewinn wie möglich aus dieser Situation zu ziehen, damit es gut weitergehen kann. Vielleicht helfen dir folgende Fragen, während das Licht des Bewusstseins dich jetzt erreicht und durchströmt.

1. Angenommen, du könntest etwas daraus lernen, was könnte das sein?
2. Angenommen, die Situation diente dazu, etwas hinter dir zu lassen, das dir nicht guttut, was könnte das sein?
3. Angenommen, die Situation diente dazu, dass du bestimmte Kräfte in dir entwickelst und noch mehr Verantwortung für dich übernimmst, für welche Bereiche könnte das zutreffen?

Immer klarer wird dir, wie du das Stroh dieser Krise zu Gold spinnen könntest. Du erkennst, dass es Zeit wird, dein Leben neu auszurichten. Während das Licht der Erkenntnis immer stärker in dir wirkt, siehst du, dass sich das Katastrophengebiet in deiner inneren Landschaft erholt, es verändert sich. Wie von Zauberhand verschwindet alles, was hier nicht hergehört, und wie durch ein Wunder wächst auf einmal alles, was du brauchst und was dir dient.

Die Landschaft wird immer schöner und kraftvoller, bis sie nach einer Weile kein Krisengebiet mehr ist. Bleibe noch sitzen, schaue auf deine blühende Landschaft, und nimm wahr, wie ihre Kraft jetzt in dich einfließt.

Jetzt stehst du auf und durchwanderst diese neu entstandene innere Landschaft.

Es ist ein neuer Bereich deiner inneren Welt, der dir frische Kräfte zugänglich macht, indem du Neues entwickeln kannst. Noch deutlicher wird dir, was du hinter dir lassen darfst und vielleicht sogar musst, damit die Kraft dieses neuen inneren Bereiches vollumfänglich in dir wirken kann. Mit der Kraft dieser neu entstandenen inneren Landschaft kannst du das, was dir nicht mehr dient, leicht hinter dir lassen.

Nach einer Weile merkst du, es wird Zeit, in die Außenwelt zurückzukehren. Die Kraft dieser inneren Landschaft nimmst du mit, und selbstverständlich kannst du jederzeit hierher zurückkommen.

Gehe den Weg zurück durch das Tor, das dich in die Außenwelt führt, und entscheide dich dafür, in den nächsten Tagen und Wochen so oft wie möglich diesen Bereich deiner inneren Landschaft zu besuchen. Es kann sein, dass es immer wieder aussieht wie ein Krisengebiet – das liegt daran, dass es viele verschiedene Ebenen gibt, die betroffen sind, verschiedene Gefühle und innere Anteile. Das ist eine gute Nachricht, denn das bedeutet auch, dass es viele verschiedene Kräfte gibt, die jetzt entwickelt werden wollen. Und wenn du bereit bist, atme tief ein und aus, und öffne dann deine Augen. Willkommen zurück.

Sinnvolle Wege der Selbstbeschäftigung

Wenn du dabei bist, deine Krise in eine Chance zu wandeln, ist es überaus wichtig, mit dir im Reinen zu sein. Zeit mit dir selbst zu verbringen. Dein Mindset zu optimieren, sinnvolle Beschäftigungen zu haben oder neu zu gestalten, die dir Freude bereiten. Auf der einen Seite ist gemeinsame Zeit mit dem Partner bzw. der Partnerin enorm wichtig, auf der anderen Seite aber auch Zeit für dich allein. Nur für dich. Daher rufen wir dir fröhlich zu: »Auch Alleinsein ist fein!«

Der Diplomat Alexander von Villers (1812–1880) wusste: »Einzeln bin ich geboren, einzeln will ich leben und werde auch einzeln sterben. Darunter meine ich nicht Alleinsein. Aber nicht Mengengefühl will ich pflegen. Der Stempel des Einzelnen liegt auf der ganzen Natur, und kein Baum will Wald sein; wollte er es, es gäbe keinen Wald. Seine Wurzeln, nicht des Waldes Wurzeln nähren ihn.«

Der Mensch ist nicht nur Gesellschaftstier und sucht nach Kommunikation mit anderen, sondern er ist auch Einzelgänger und für sich selbst verantwortlich und zuständig. Daher ist Alleinsein bzw. das Alleinsein-Können nicht etwas Verwerfliches oder Unzumutbares, sondern sogar etwas sehr Wertvolles, vor allem im Sinne der eigenen Persönlichkeitsentwicklung und Selbstannahme. Millionen Deutsche stellen sich täglich oder zumindest regelmäßig folgende Frage: »Bin ich mir selbst gut genug?« Und leider beantworten sie viele mit »Nein«. Schade. Denn dieses Nein ist alles andere als förderlich für das Mindset und die ganzheitliche Gesundheit. Negatives Denken ist selbstzerstörerisches Denken, das muss jedem klar sein. Denn unsere Gedanken bestimmen und formen unsere Realität. Vergleiche mit anderen gehören für uns zum Leben, zum Alltag. Doch tun uns diese Vergleiche gut?

Nein, wenn der Fokus dabei darauf gelegt wird, was andere haben, was sie wissen und wie sie leben, denn es gibt immer welche, die es »besser« haben als man selbst, mehr Geld, ein größeres Haus, ein »attraktiveres« Aussehen, eine besser funktionierende Partnerschaft, vernünftigere Kinder etc.

Leicht lassen wir uns von solchen vermeintlichen Errungenschaften blenden und starten damit, uns mit Selbstvorwürfen zu torpedieren. So entstehen Minderwertigkeitsgefühle, also negative Emotionen, weil man sich selbst als weniger wertvoll und/oder kompetent empfindet als andere. Sie können zu einem geringeren Selbstwertgefühl führen und das Selbstvertrauen massiv beeinträchtigen.

Um Minderwertigkeitsgefühle dauerhaft zu überwinden, helfen folgende Wege:

- Identifiziere die Ursachen deiner Minderwertigkeitsgefühle und reflektiere sie über deine Gedanken, Vorstellungen und Überzeugungen.
- Akzeptiere dich mit all deinen Stärken und Schwächen.
- Erinnere dich an deine bisherigen Erfolge.
- Fokussiere dich auf das Positive, nicht auf das Negative.
- Sprich mit Freunden, Familie oder einem Therapeuten über deine Gefühle. Oft hilft es, sie mit anderen zu teilen. So kannst du ein gesünderes Selbstwertgefühl entwickeln.

Vergleiche dich also bitte nicht mehr ständig mit Frau Kunz oder Herrn Meier, sondern besinne dich auf dich. Auf dein Leben. Greife nicht nach Perfektion, sondern bemühe dich um Fortschritt. Es geht nicht darum, alles richtig machen zu müssen. Was ist schon richtig? Viele Menschen streben nach Erfolg und wollen alles schon beim ersten Mal perfekt erledigen. Doch wenn es dann nicht so läuft wie geplant, überkommt sie ein Gefühl der Wertlosigkeit. Zudem fördern Misserfolge die

Angst vor weiteren Misserfolgen. Was es zu erkennen gilt, ist, dass bereits das Streben nach Zielen eine gute Errungenschaft ist, unabhängig davon, wie viele Anläufe wir brauchen, um unsere Ziele zu erreichen. Höre daher auf, dich zu bestrafen, klopfe dir stattdessen auf die Schulter, weil du es versucht und Fortschritte gemacht hast und aus Fehlern lernst.

Der innere Kritiker

Jeder von uns hat ihn: den eigenen inneren Kritiker. Er besteht aus negativen Gedanken, Urteilen und uns zeit unseres Lebens zugetragenen Botschaften, die uns geprägt haben und weiterhin prägen. Typische negative Verinnerlichungen sind:

- Tue dies nicht, sonst werden die Leute dich nicht mögen.
- Du bist nicht liebenswert.
- Du bist nicht klug genug.
- Du arbeitest nicht hart genug.
- Du verdienst keinen Erfolg.

Je mehr wir uns darauf fokussieren und uns von unserem inneren Kritiker beeinflussen lassen, desto geringer wird unser Selbstwertgefühl. Daher gilt es, den inneren Kritiker zu überwinden. Dies gelingt, indem du auf negative Selbstgespräche achtest und Selbstmitgefühl entwickelst. Sprich mit dir wie mit einem guten Freund, sei nachsichtig, ermutigend und motiviere dich. Ersetze negative Gedanken durch positive Aussagen und feiere deine Erfolge, auch die kleinen. Das stärkt dein Selbstvertrauen und schwächt den Einfluss deines inneren Kritikers. Aus der Stimme der Kritik kannst du so einen Coach, eine Stimme der Liebe formen, die dich positiv herausfordert, ohne dich niederzumachen.

Selbstreflexion

Magst du dich? Würdest du mit dir selbst befreundet sein wollen? Was macht deine Persönlichkeit aus? Spannende Ich-Fragen, die es zu erkunden gilt. Wer öfter mal allein ist, muss mit sich selbst auskommen können. Werde also dein eigener bester Freund. Überlege: Was schätzt du an dir? Was sind deine Stärken und Erfolge? Wie behandelst du dich selbst – freundlich und respektvoll oder ablehnend und abwertend? Mach dir in Ruhe Gedanken darüber, und forme dein Persönlichkeitsbild. Überlege dir, was dir wirklich wichtig ist, was deine tiefsten Überzeugungen sind, was dich begeistert und glücklich macht, wie du deine Beziehungen zu anderen Menschen definierst, was du im Leben erreichen möchtest, was deine langfristigen Ziele und Träume sind. Erkenne auch, welche Seiten und Eigenschaften du an dir ablehnst. Womit bist du unzufrieden, was stört dich?

Im Sinne einer Transformation hast du jederzeit, jeden Tag die Möglichkeit, dich zu verändern. Du musst nur genau wissen, was du verändern möchtest, und wie. Wovon willst du weg, und wovon willst du mehr haben? Nun kannst du gezielt die negativen Punkte extrahieren und bearbeiten, dann sie positivieren.

Alleinsein kann eine wertvolle Zeit der Selbstreflexion und des persönlichen Wachstums sein. Im Sinne der Selbstfürsorge: Genieße Zeit nur für dich! Gönne dir Gutes, verwöhne dich mit einem entspannenden Bad, lies ein interessantes Buch, höre deine Lieblingsmusik. Widme dich deinen

Hobbys und Interessen. Vielleicht wolltest du schon immer einmal einen bestimmten Berg besteigen, einen bestimmten See umlaufen, eine bestimmte Stadt kennenlernen, eine bestimmte Sportart ausprobieren, mit einer bestimmten Person essen gehen oder Ähnliches.

Gönne dir dieses Erlebnis und investiere Zeit und Leidenschaft in dich und deine Interessenwelt. Spaziergänge in der Natur sind einfach toll und tun gut. Die frische Luft und die Ruhe können sehr beruhigend sein. Praktiziere Achtsamkeit oder Meditation, um im gegenwärtigen Moment zu leben und dich auf deine Gedanken und Gefühle zu konzentrieren. Außerdem darfst du deine Kreativität ausleben: male, schreibe, musiziere etc.

All diese Anregungen dienen dir dazu, dich selbst besser kennenzulernen und Zeit mit dir und für dich effektiv zu nutzen. Schreibe gern auf, wie deine Antworten lauten.

Bewusste Wege, dich zu beschäftigen

Du hast während einer Krise sicherlich wenig Lust, dich kreativ zu beschäftigen, und dennoch solltest du es gerade deshalb tun. Kreative Arbeit lenkt dich von deinen Grübeleien ab und beschäftigt dein Gehirn auf eine Weise, die dir hilft, dein Leben anders und neu wahrzunehmen. Auch wenn es dir absurd vorkommt, z.B. deine Wand zu bemalen, obwohl es dir so schlecht geht, magst du es vielleicht ausprobieren. Du bekommst dadurch völlig neue Sichtweisen und Einsichten.

Erstelle eine Wandmalerei

Wandbilder bringen Farbe und Lebendigkeit in dein Zuhause. In Innenräumen sind sie eine tolle Alternative zu Tapeten und verleihen einem Raum mehr Licht, Wärme oder Verspieltheit. Du musst kein Profi sein, um ein Wandgemälde zu gestalten. Beginne mit einer kleineren Leinwand. Bevor du startest: Überlege, welches Zimmer du verschönern möchtest. Bemalst du z.B. eine Wand in einem schmalen, dunklen Zimmer, so soll das Wandgemälde diesem wahrscheinlich mehr Licht und Helligkeit verleihen. Vermeide dabei Farben, die es dunkler und kleiner wirken lassen. Auch ist es wichtig, wie der Raum genutzt wird und welche anderen Elemente er enthält. Eine bemalte Wohnzimmerwand sollte zum Rest der Einrichtung, also zu Sofa, Bücherregal, Fernseher etc., passen.

Egal, was du malst, du brauchst, bevor du startest, ein klares Konzept und Skizzen. Fertige einige Designs in kleinerem Maßstab auf Papier an, und überlege, was du davon umsetzen möchtest. Um ein Wandgemälde in Innenräumen anzufertigen, benötigst du Pinsel, Walze, Farben, Farbschale, Lappen, Papiertücher, Projektor, Wassereimer, Schnur und Stehleiter. Pinsel wirst du verschiedene nutzen, größere wie kleinere, mit flachen Kanten oder Meißelspitzen, am besten kaufst du dir ein Set. Für Innenräume eignet sich jede Farbe, die du im Baumarkt bekommst, sowohl auf Latex- oder Wasserbasis. Wände in Badezimmer und Küche sollten mit Emaille-Farben bemalt werden, da diese Dämpfen trotzen und eine glänzende Optik haben. Auch Sprühdosen können zum Einsatz kommen.

Vergiss bitte nicht, während deiner Kunstwerkerschaffung eine Maske zu tragen, um die Farben nicht einzuatmen, und achte darauf, dass der Raum gut belüftet ist.

Hier für dich eine kurze Schritt-für-Schritt-Anleitung für die Erstellung deines persönlichen Wandgemäldes:

- **Bereite die Wand vor:** Trage eine Grundschicht auf. Je nach Beschaffenheit der Wand soll diese zu einer glatten, sauberen Ebene für deine Kunst werden. Größere Absplitterungen, Löcher oder andere Makel gilt es zu beseitigen, können aber auch künstlerisch in das Bild eingearbeitet werden. Kleinere Löcher lassen sich mit Maskierband überkleben und bemalen. Für einen einfarbigen Grundanstrich verwende eine Walze. Lass die Farbe über Nacht trocknen.
- **Skaliere dein Design:** Wenn du dein Wandbild auf Papier entworfen hast, passe rechnerisch die Größe an die Wand an, sodass die Perspektive und die verschiedenen Teile des Designs sauber übertragen werden. Solltest du mit abstrakten oder grafischen Mustern arbeiten, sind strikte Proportionen sowie gerade Linien nicht so wichtig. Du skalierst dein Design am besten, indem du es an die Wand projizierst und dann mit Farben oder Kreiden an der Wand nachzeichnest. Wenn du keinen Projektor hast, nutze die Gitternetzmethode: Teile dein Design in proportionale Quadrate auf, die zur Größe der Wand passen. Mit Schnuren kannst du die Quadrate an der Wand markieren.
- **Skizziere die großen Formen zuerst:** Starte dein Kunstwerk, indem du die größeren Designs auf die Wand

malst. Tritt während des Malens immer wieder einen Schritt zurück, um das Gemälde mit etwas Abstand zu betrachten. So behältst du die Gesamtgröße und die Perspektive im Blick.

- **Füge die Details hinzu:** Wenn die größeren Grundformen und Umrisse aufgemalt und die Farben getrocknet sind, kannst du mit einem kleineren Pinsel mit gemeißelter Spitze weitere Schichten mit Details auftragen. Jetzt geht es in die Präzisionsarbeit und Fertigstellung. Wenn das Gemälde komplett ist, lass es auf dich wirken. Gegebenenfalls kannst du noch Korrekturen vornehmen oder etwas hinzufügen. Dann erfreue dich an deinem Kunstwerk, das du ganz allein geschaffen hast!

Journaling

Das Führen eines Tagebuches oder Journaling sind kraftvolle Methoden der Selbstbeschäftigung, die zugleich eine heilsame therapeutische Wirkung entfalten. Durch das regelmäßige Niederschreiben von Gedanken, Gefühlen und Erlebnissen entsteht ein Dialog mit dem eigenen Inneren. Es ist wie ein Spaziergang durch die Gedankenwelt, bei dem man sich selbst auf tieferer Ebene begegnet.

Beginne damit, täglich 15 Minuten zu reservieren, in denen du ungefiltert alles aufschreibst, was dir in den Sinn kommt. Das können alltägliche Begebenheiten bis hin zu tiefgründigen Einsichten sein. Journaling hilft dir, Muster in deinem Denken zu erkennen, Emotionen zu verarbeiten,

Klarheit über deine Wünsche und Ziele zu gewinnen. Es ist ein Werkzeug zur Selbstreflexion und Selbstheilung, das dir ermöglicht, deinen eigenen Fortschritt sauber zu dokumentieren und zu feiern.

Die Angst vor dem Alleinsein ist ein Gefühl, das viele Menschen erleben. Schreibübungen können dabei helfen, diese Angst zu erkunden und zu bewältigen.

Hier sind einige Schreibimpulse, die das Bewusstsein für die eigenen Gedanken und Gefühle schärfen und dazu beitragen können, eine positive Perspektive auf das bewusste Alleinsein zu entwickeln.

Die Übungen zielen darauf ab, die Angst vor dem Alleinsein zu minimieren und ihr mit Neugier und Offenheit zu begegnen. Indem du dich schreibend mit der Angst auseinandersetzt, kannst du sie besser verstehen und Wege finden, sie zu überwinden. Das Alleinsein wird so zu einer Gelegenheit für persönliches Wachstum und Selbstentdeckung.

☆ **Anerkennung:** Beginne damit, deine Gefühle des Unbehagens beim Alleinsein zu beschreiben. Erkenne diese Gefühle an, ohne sie zu bewerten. Versuche nicht, sie zu verändern. Als Hilfestellung kannst du folgende Satzanfänge nutzen und sie vervollständigen:
  – Alleinsein bedeutet für mich …
  – Wenn ich allein bin, fühle ich mich …
  – Ich habe Angst davor, allein zu sein, weil …

☆ **Konfrontation:** Schreibe über eine spezifische Situation, in der du dich allein gefühlt hast. Was hast du dabei gedacht und gefühlt? Welche körperlichen Empfindungen hast du wahrgenommen?

- ☆ **Die Angst vor dem Alleinsein personifizieren:** Wenn deine Angst vor dem Alleinsein eine Person wäre, wie würde sie aussehen und sich verhalten? Was würde sie dir sagen? Hält sie eine wichtige Botschaft für dich bereit? Wie könntest du ihr antworten?
- ☆ **Transformation:** Überlege dir, welche positiven Aspekte oder Chancen das Alleinsein bieten kann. Wie könnten diese positiven Seiten aussehen, und was brauchst du, um das Gute darin zu erkennen und zu erleben?
- ☆ **Der Aktionsplan:** Entwerfe kleine, konkrete Schritte, die du unternehmen kannst, um dich bewusst und positiv mit dem Alleinsein auseinanderzusetzen. Wie kannst du diese Schritte in deinen Alltag integrieren?
- ☆ **Deine Sicherheitsinsel:** Beschreibe einen Ort, an dem du dich vollkommen sicher und zufrieden fühlst. Was macht diesen Ort besonders? Wie kannst du Elemente dieses Ortes in dein aktuelles Umfeld bringen? Wenn sich dieser Ort in deinem Zuhause befindet, wie lässt er sich nutzen, um das Alleinsein zu praktizieren?
- ☆ **Dankbarkeit finden im Alleinsein:** Reflektiere über die Dinge, die du am Alleinsein schätzen kannst. Welche Aktivitäten oder Gedanken sind nur dann möglich, wenn du allein bist?
- ☆ **Reflexion:** Schließe die Übung mit einer Reflexion darüber ab, wie sich deine Einstellung zum Alleinsein während des Schreibprozesses verändert hat. Was hast du über dich gelernt?

Selbst gestaltete Retreats

Schaffe dir einen persönlichen Rückzugsort in deinem Zuhause. Widme ein Wochenende der Selbstfürsorge. Plane bewusste Aktivitäten, die deiner mentalen, physischen und spirituellen Gesundheit dienen. Das kann eine Yogasitzung am Morgen, ein gesundes Kochprojekt für den Mittag und ein tiefsinniges Buch am Abend sein. Eröffne dir einen heilsamen Raum, vielleicht mit Kerzen, Aromaölen und ruhiger Musik, der dich dabei unterstützt, in die Stille zu gehen und dich zu zentrieren.

Selbst gestaltete Retreats sind eine wunderbare Möglichkeit, dir selbst etwas Gutes zu tun und den Alltagslärm für eine Weile hinter dir zu lassen. Allein die Planung eines solchen Wochenendes kann Vorfreude wecken und den Grundstein für Erholung legen. Der Fokus liegt dabei auf bewussten Aktivitäten, die die mentale Klarheit fördern, den Körper stärken und den Geist nähren. Hier ist ein konkretes Beispiel, wie so eine Auszeit aussehen könnte – vielleicht magst du es ja eins zu eins umsetzen, oder es dient dir als Anregung:

- ☆ **Freitagabend – Ankommen und Loslassen:** Beginne dein Retreat am Freitagabend mit einem Ritual, das den Übergang von der Arbeitswoche zur Ruhezeit markiert. Schalte alle elektronischen Geräte für eine Weile aus, um die ständige Reizüberflutung zu unterbrechen. Zünde eine Kerze an, und lass einige Tropfen ätherisches Öl in einer Duftlampe deine Sinne umschmeicheln. Ein sanfter Lavendelduft kann helfen, Anspannungen zu lösen und die innere Ruhe zu fördern. Nimm dir Zeit für ein langes, warmes Bad oder eine Dusche, um den Stress buchstäblich abzuspülen. Wähle ein leichtes Abendessen und ein Buch, das deinen Geist inspiriert und nicht zu schwer auf dem Herzen liegt.

- ☆ **Samstagmorgen – Energetischer Beginn:** Der Morgen beginnt mit Stille. Setze dich für eine Meditation an einen Ort, den du vorab liebevoll gestaltet hast, vielleicht ein kleiner Altar mit Elementen, die dir wichtig sind. Danach widmest du dich einer Yogasitzung. Es muss nicht anstrengend sein; wähle Übungen, die dir guttun und deine Energie für den Tag wecken. Zum Frühstück gibt es etwas Nahrhaftes, das dich sättigt und gleichzeitig deinen Körper ehrt – eine Schüssel voller frischer Früchte oder ein selbst gemachtes Müsli mit Samen, Nüssen und Gewürzen.
- ☆ **Samstagnachmittag – Kreatives Schaffen:** Nach einer leichten, nährenden Mahlzeit steht kreative Betätigung an. Ob Malen, Schreiben oder Musizieren, wähle eine Tätigkeit, die dich erfüllt. Vielleicht beginnst du ein neues Projekt oder kehrst zu einem alten Hobby zurück, welches du lange nicht mehr ausgeübt hast. Diese Phase ist auch ideal, um dich mit Journaling zu beschäftigen, deine Gedanken zu ordnen und zu reflektieren.
- ☆ **Samstagabend – Kulinarische Achtsamkeit:** Am Abend steht ein Kochprojekt auf dem Programm. Das Kochen wird zur meditativen Praxis, wenn du jedem Schritt deine volle Aufmerksamkeit schenkst. Wähle ein Rezept aus, das dich herausfordert, aber dir auch Freude bereitet. Das Essen wird dann in aller Ruhe und ohne Ablenkung genossen und jeder Bissen wertgeschätzt.

☆ **Sonntag – Integration und Ausklang:** Der Sonntag dient dazu, das Erlebte zu integrieren. Vielleicht machst du einen langen Spaziergang, liest weiter in deinem Buch, oder nimmst dir Zeit für eine ausgiebige Selbstmassage. Du kannst Pläne schmieden, wie du Elemente dieses Retreats in deinen Alltag integrierst. Schließe das Wochenende mit einer Dankbarkeitsmeditation ab, in der du dich für diese Erfahrung bedankst und dir selbst wohlwollende Anerkennung für die bewusst genommene Auszeit schenkst.

Origami

Die traditionelle japanische Kunst des Papierfaltens ist eine meditative und kostengünstige Art, sich zu beschäftigen. Es erfordert Präzision und Geduld und führt zu einem Objekt, das die Schönheit der Geometrie und Symmetrie in sich birgt. So ist Origami nicht nur eine Faltkunst, sondern auch eine Lebenskunst, denn sie lehrt uns, dass aus den einfachsten Mitteln Schönheit und Ruhe entstehen kann. Sie erinnert uns daran, dass die wahre Freude oft in der Konzentration auf eine einzige kleine Sache liegt. Origami verbessert die Feinmotorik, fördert die Konzentration und bietet eine beruhigende Pause vom digitalen Alltag.

Das Fertigstellen eines Werkstücks bewirkt ein Gefühl der Zufriedenheit und des Stolzes. Die gefalteten Kunstteile können als dekorative Elemente in deinem Wohnraum dienen, oder als persönliche Geschenke für Freunde und

Familie. Sie sind ein Symbol für die Zeit und die Sorgfalt, die du in ihre Erstellung investiert hast. Alles, was du benötigst, ist ein quadratisches Stück Papier. Es gibt viele kostenlose Ressourcen und Anleitungen online, die dir die Grundlagen des Origami-Faltens beibringen. Wenn du möchtest, kannst du dir auch ein Buch für Anfänger zulegen. Beginne mit einfachen Formen, z.B. dem »Klassischen Kranich«, und probiere dann komplexere Designs aus.

Die Schönheit des Alleinseins

Folgende innere Reise kannst du immer dann ausführen, wenn du dich nach Innenkehr und einem Moment der Ruhe sehnst. Sie dient dazu, die Schönheit des Alleinseins zu erkunden und die innere Weisheit, die jeder von uns besitzt, zu entdecken und zu feiern.

Innere Reise: Das Buch deines Lebens

Setze oder lege dich hin, wo du dich wohl und ungestört fühlst. Schließe deine Augen und atme tief durch. Mit jedem Atemzug lässt du die Außenwelt ein wenig mehr hinter dir und begibst dich auf eine Reise nach innen.

Stelle dir vor, du stehst am Anfang eines wunderschönen, ruhigen Gartens. Dieser Garten ist ein Symbol deines inneren Selbst. Die Sonne steht hoch am Himmel und taucht alles in ein warmes, goldenes Licht. Die Luft ist erfüllt vom süßen Duft blühender Blumen. Mit jedem Schritt, den du auf dem weichen grünen Gras machst, spürst du, wie dein Körper leichter wird. Deine Sorgen und Ängste bleiben hinter dir zurück, und du fühlst dich sicher und geborgen in dieser Umgebung.

Du gehst weiter und kommst zu einem kleinen Teich. Die Oberfläche ist ruhig und klar. Beuge dich vor und schaue in das Wasser. Darin siehst du dein Spiegelbild, es lächelt dir zu. Du erkennst, dass du allein mit dir selbst eine wundervolle Gesellschaft bist. Am Rand des Teiches siehst du einen alten, weisen Baum, der zum Innehalten einlädt. Du setzt dich unter seine breiten Äste und lehnst dich zurück. Der Baum schenkt dir Halt und Kraft. Er flüstert dir die Weisheiten des Lebens zu, die Weisheiten des Alleinseins, die dir Frieden und Klarheit bringen.

Nun beginnt der Baum, dir Fragen zu stellen, und du antwortest darauf mit deinem Herzen:

- ☆ Wie fühlt sich dein Raum der Stille gerade an?
- ☆ Welches Wort beschreibt dein Alleinsein heute?
- ☆ Was möchte deine Seele dir jetzt sagen?

Mit jeder Antwort spürst du, wie du mehr über dich selbst lernst. Du erkennst, dass alle Antworten bereits in dir liegen und dass das Alleinsein dir den Raum gibt, diese Antworten zu finden.

Dann stehst du auf, bedankst dich beim Baum und gehst weiter durch den Garten. Pflücke eine Blume – ihre Schönheit und ihre Einzigartigkeit erinnern dich daran, dass auch du einzigartig und wertvoll bist.

Am Ende deiner Reise findest du eine kleine Bank, auf der ein Buch liegt. Es ist das Buch deines Lebens. Du schlägst es auf, und auf den Seiten siehst du all die schönen Momente, die du bisher allein erlebt hast, sowie all die Stärken und Talente, die du besitzt.

Wenn du bereit bist, schließe das Buch und bringe es mit in die reale Welt. Halte es fest an dein Herz und öffne dann deine Augen. Kehre zurück in dein Leben, erfüllt von tiefer Wertschätzung für dich selbst und für die Momente der Stille und des Alleinseins.

Selbsttest: Wie gut kann ich allein sein?

Folgender Fragebogen hilft dir dabei zu erkennen, wie gut du allein sein kannst, ohne dich einsam zu fühlen. Bewerte folgende zehn Aussagen. Mit der Auswertung erhältst du wichtige Impulse für deine Persönlichkeitsentwicklung. Je Aussage stehen dir die Codes 1 bis 5 zur Verfügung.

5 = trifft absolut zu
4 = trifft meistens zu
3 = 50:50
2 = trifft selten zu
1 = trifft nie zu

Nr.	Leitsatz	Code
1	Ich kann mich prima mit mir selbst beschäftigen, langweilig wird mir dabei nicht.	
2	Ein Thermentag für mich allein? Ja, gern!	
3	Eine gemeinsame Verabredung zum Abendessen im Restaurant wird von Freunden kurzfristig abgesagt. Ich gehe allein hin und genieße das köstliche Essen.	
4	Sex mit mir allein? Kein Problem.	
5	Ich mag mich so, wie ich bin. Ich liebe meine Stärken und akzeptiere meine Schwächen.	
6	Ich kann mich stundenlang allein an einen zauberhaften See setzen oder legen und das Nichtstun zelebrieren.	
7	Ich kann mir gut vorstellen, allein den Jakobsweg zu gehen.	
8	Einsamkeit kenne ich nicht. Wenn ich allein bin, dann habe ich viele Hobbys und Interessen, die ich verfolge.	
9	Mein innerer Kritiker mag da sein und versucht, mich immer mal wieder zu behelligen, aber ich bin stärker.	
10	Ich habe Lust, ein langes Wochenende ganz allein für mich zu verbringen, z.B. einen Kurzurlaub in einem Wellnesshotel zu buchen.	

Addiere die Codes.

5–20 Punkte: Alleinsein ist der absolute Horror für dich. Du brauchst ständig Menschen um dich herum, die Kommunikation und Konversation mit ihnen, und das Gefühl, Teil eines großen Ganzen zu sein. Einsamkeit ist dein Angstgegner. Leider kannst du allein mit dir selbst kaum etwas anfangen. Warum ist das so? Lehnst du dich selbst ab? Empfindest du dich als nicht gut genug? Deine Aufgabe darf sein, Alleinsein als etwas Positives zu erleben. Beschäftige dich mit dir selbst, kontere deinem inneren Kritiker, und versuche, Wege der Selbstbeschäftigung zu gehen. Erstelle – wie beschrieben – eine Wandmalerei, starte ein Tagebuch, gestalte Retreats oder praktiziere Origami. Das große Selbstexperiment »Auch Alleinsein ist fein« wartet auf dich. Pack es an!

21–39 Punkte: Alleinsein geht schon, manchmal, aber nicht immer und nicht zu lang. Denn Gesellschaft ist wichtig für dich. Du brauchst Leute um dich herum, Aufmerksamkeit, Interaktion und Austausch mit anderen. Momente für dich allein sind durchaus angenehm, doch schnell kommt dann die Einsamkeit. Lerne, das Alleinsein mehr zu genießen. In dieser Zeit kannst du dich weiterentwickeln, neue Seiten an dir kennenlernen, Stress abbauen und Kraft tanken.

40–50 Punkte: Hervorragend! Du kannst prima allein mit dir selbst klarkommen, ohne dass du einsam bist oder wirst. Du verfügst über ein positives Selbstbild, Hobbys und Interessen, mit denen du dich gern beschäftigst. Du hast verstanden, dass du eine wertvolle Person bist und Zeit mit dir und für dich etwas Herrliches ist. Diese kannst du nutzen, um zu entspannen, um Sport zu treiben, um Neues zu entdecken etc. Für dich und deine Zufriedenheit.

Ich bin glücklich und frei

Die seelische Gesundheit ist genauso wichtig wie die körperliche. In deinem Kopf entscheidet sich, ob du gut gelaunt bist, den Tag freudig beginnst und dich auf deine Mitmenschen, deinen Job und alles freust, was dich erwartet. Positiv zu denken und stets an das Gute zu glauben, sogar in Krisenzeiten, hält nicht nur gesund, sondern auch jung, fit und attraktiv. Gezielte Affirmationen helfen dir dabei, dich immer auf das Positive zu fokussieren, und machen dadurch nicht nur deinen Kopf klar und frei, sondern schenken dir auch viele schöne Momente und Erlebnisse.

Gönne dir fünf Minuten für dich allein, und sprich dir folgende Affirmationen laut vor: »Ich bin glücklich und frei. Meine Gedanken sind positiv. Motiviert und dankbar zelebriere ich mein Leben. In allem, was kommt, sehe ich eine Chance auf Weiterentwicklung meiner Persönlichkeit. Ich spüre die Lebenslust in mir. Alles fließt, alles ist gut. Mein Geist und meine Seele sind rein und energetisch geschützt. Ich liebe mein Wesen so, wie es ist. Ich akzeptiere meine Charakterzüge und freue mich, mit meinen besten Eigenschaften mir selbst und anderen Gutes zu tun. Ich lasse positive Gedanken in mich einströmen. Sie erfüllen meinen Geist und wirken in meinen Körper hinein. Voller Zuversicht blicke ich nach vorn und sage Danke für mein Leben. Ich bin mit mir im Reinen. Freude, Glück, Liebe, Freiheit und Dankbarkeit – all diese schönen Gefühle spüre ich tief in mir und kann sie genießen. Kann sie leben. Kann sie weitergeben. Die Kraft meiner Gedanken nutze ich ausschließlich für positive Dinge. Ich bin glücklich und frei.«

Wunscherfüllung und Krisenbewältigung im goldenen Raum

Kennst du den goldenen Raum der Wunscherfüllung und Krisenbewältigung? Ich, Abbas, habe mich intensiv damit beschäftigt und bereits einige Fachartikel dazu verfasst. Seit Jahren ist der goldene Raum Teil meiner Arbeit. Ich hole dazu etwas aus: Das Denken gestaltet den Menschen. Wir unterscheiden drei Formen der Grundeinstellung – die positive, die gleichgültige und die negative.

Fangen wir mit der negativen an. Leider denken die meisten Menschen so. Sie sehen das Glas halb leer statt halb voll, wittern in allem, was passiert eine Verschwörung, schlechtes Karma, sehen sich als Pechvogel und Unglückseligen, dem kein Erfolg vergönnt ist. Jede noch so kleine Niederlage nutzen sie, um sich im Dreck zu suhlen und bemitleiden zu lassen. Hier wird die Opferrolle eingenommen. Auch sonst ist der Blick in die Zukunft negativ. Ängste und Sorgen dominieren den Alltag, Grübeleien sorgen für Schlaflosigkeit und eine negative Grundeinstellung. Das Problem an der Sache ist, dass diese Negativdenker sich nicht nur über Negatives ärgern, sondern zudem weiter Negatives anziehen. Sie geraten immer tiefer und tiefer in eine Negativspirale, aus der es kein Entkommen gibt. Und je negativer ein Mensch denkt, desto trauriger, erfolgloser, unglücklicher und problematischer wird leider auch sein Leben, denn: Mit unserem Denken programmieren wir uns unsere Welt, unsere Persönlichkeit, unser Sein und unsere Zukunft.

Ja, so stark sind wir und ist unser Geist! Daher können wir nur dringend davon abraten, negativ zu denken und alles schwarzzusehen, da es dann genauso kommen wird. Das ist das simple Ergebnis des Resonanzgesetzes. Gilt übrigens auch für die Krise.

Nun betrachten wir den Gleichgültigen, also denjenigen, dem alles egal ist, der weder übermäßig positiv noch intensiv negativ denkt und einfach das Leben so nimmt, wie es kommt. Ist schon deutlich besser als der Negativdenker, denn er erschafft sich keine negative Zukunft, aber eben auch keine positive. Er schwimmt in seinem Fluss des Lebens immer weiter, einigermaßen zufrieden und ausgesühnt mit seinem Schicksal. Große Sprünge nach oben oder nach vorn sind bei ihm aber nicht möglich.

Jetzt zur Königsklasse: Der positiv Denkende ist seinen Kollegen in allen Belangen überlegen. Zum einen kann er mit Enttäuschungen, Problemen, Konflikten und Krisen besser umgehen, da er versucht, darin einen Sinn zu erkennen und etwas daraus zu lernen. Er betrachtet eine »Niederlage« nicht als Niederlage, sondern als eine Chance auf Entwicklung, zum einen seiner Persönlichkeit, zum anderen, was er das nächste Mal in so einer Situation anders, sprich besser tun kann. Dies macht ihn um einiges zufriedener, als dies der Negative oder der Gleichgültige beim selben Problemfall ist. Auch denkt er stets positiv, sieht das Glas halb voll statt halb leer, er glaubt an sich und hält alles für möglich. Und genau damit macht er es auch möglich.

Wer sich erfolgreich sieht, an seine Wünsche und Ziele glaubt und sich diese ganz persönlich zugesteht, überzeugt davon ist, all dies auch zu erreichen, der wird unaufhaltsam sein auf seinem Weg dorthin. Wer erfolgreich denkt, zieht eben auch Erfolg an! Das ist wissenschaftlich in zahlreichen Studien erwiesen. Der Positivdenker ist glücklicher, erfolgreicher, zufriedener und gesünder als der Negativdenker – und auch als der Gleichgültige.

Wir haben gelernt: Positiv zu denken fördert den Glauben an uns selbst, lässt uns entspannter und souveräner durch das Leben gehen, ermöglicht größeren Erfolg und eine spezifische Zielerreichung.

Um dies zu unterstützen, können wir auf mehreren Ebenen arbeiten. Die bewusste Ebene, das Bewusstsein, ist im besten Fall schon auf »positiv« programmiert, aber was ist mit dem Unbewussten, dem Unterbewusstsein? Was ist, wenn dies – aus welchem Grund auch immer – negativ belastet ist und damit jegliches positives Denken im Bewusstsein behindert? Oder – im schlimmsten Fall – den ohnehin negativ eingestellten Menschen gleich doppelt gegen die Wand fahren lässt? Das ist dann fatal und bedeutet für viele letztendlich Hoffnungslosigkeit. Das muss nicht sein, denn der Schlüssel zum Erfolg liegt im Unterbewusstsein versteckt, und so kommen wir zu dessen richtiger Programmierung.

Richtige Programmierung im Unterbewusstsein

Unser Unterbewusstsein ist äußerst mächtig. Jeder von uns hat es, doch Zugriff darauf haben wir nicht. In dieser riesigen Fülle von Daten finden sich sämtliche Eindrücke, Erlebnisse, Emotionen, einfach alles, was wir im Leben erlebt haben und gerade erleben, alles wird dort abgespeichert und ergibt eine unüberschaubare Volumenmenge an Informationen. Hätte das Unterbewusstsein offenen Zugang zu unserem Bewusstsein, würden wir durchdrehen und wahrscheinlich verrückt werden, weil wir das alles nicht verarbeiten könnten. Daher gibt es eine Art Schutzfilter, der dafür sorgt, dass wir in unserem Bewusstsein bleiben, wo wir zumindest einigermaßen geordnet und strukturiert mit den Sachen zu tun haben, die uns gerade beschäftigen – mehr nicht. Wenn wir träumen, öffnet sich der Kanal, und wir können eintauchen in Erlebnisse des Unbewusstseins, das sind dann die Träume.

Aber das Unterbewusstsein kann noch mehr: In ihm sind all unsere Lebens- und Denkprogramme abgespeichert. Die Prägungen, die wir im Laufe unseres Lebens angenommen haben, unser Charakter, die Eigenschaften und Glaubenssätze, die uns ausmachen und definieren. Dies können positive wie auch negative sein, solche, die Erfolg anziehen, und solche, die Erfolg blockieren, genauer, die Misserfolg anziehen. Wer sein Leben lang »Du kannst nichts!« zu hören bekommt, der wird diesen Satz – abgespeichert in seinem Unterbewusstsein – auf immer und ewig mit sich tragen und entsprechend wenig von sich und seinen Fähigkeiten halten. Erfolg ist also gar nicht möglich, weil dieser Satz sein Denken bestimmt und ihm ein Versager-Ich einprogrammiert hat. Arm ist derjenige, der mit solchen negativen Glaubenssätzen im Unterbewusstsein leben muss.

Selbst wenn er es schafft, anderer Meinung zu sein, und damit anfängt, an sich und seinen Erfolg zu glauben, ist damit noch nicht alles getan, da die feste Programmierung der Negativformel im Unterbewusstsein gelöscht und eine neue, positive dafür hineingesetzt werden muss. Ähnlich wie bei Blumen: Erst mit einer neuen und frischen Erde kann die angeschlagene, kranke Pflanze wieder gesund werden.

Doch wie geht das? Wie können wir Formeln im Unterbewusstsein verändern, wenn wir doch eigentlich keinen Zugriff darauf haben? Die Antwort lautet: mit Hypnose, Meditation, Affirmationen, Autogenem Training und inneren (auch schamanischen) Reisen.

In tiefen Entspannungszuständen ist es möglich, den Kontakt zum Unterbewusstsein herzustellen, mit ihm zu kommunizieren und mit ihm zu arbeiten. In der Regel benötigt es dazu eine zweite Person, einen Therapeuten, der dem Klienten dabei hilft, in diesen intensiven Entspannungszustand hineinzukommen und dann – gemeinsam mit ihm – die zuvor besprochenen negativen Formeln zu entfernen und durch ebenfalls zuvor besprochene positive Formeln zu ersetzen. Dies ist auch allein möglich. In solch einem tiefen Entspannungszustand, der durch Hypnose, Meditation, Autogenes Training und innere (auch schamanische) Reisen entstehen kann, können somit die Weichen für die Zukunft gestellt werden. Denn die neuen Formeln wirken aus dem Unterbewusstsein heraus ins Bewusstsein und verändern so mit jedem Tag mehr und mehr das Denken des Menschen in die gewünschte positive Richtung hin. Mit diesem neuen Schwung lässt sich der Ausstieg aus der Krise antreiben.

Der goldene Raum fungiert als geschützter magischer Ort, in dem alles möglich ist. In ihm kann Gesundheit getankt, Erfolg programmiert, eine Krise gemeistert und Zufriedenheit auf allen Ebenen des Seins erlebt werden. Mit den neuen Programmierungen kehrt man gestärkt in seinen Alltag zurück. Die positiv veränderten Denksätze, Formeln, Einstellungen und Visionen im Unterbewusstsein werden von Tag zu Tag mehr Realität, indem sie diese Informationen auch ins Bewusstsein schicken. Dazu schenken wir dir die passende Meditation.

Innere Reise: Der goldene Raum

Schließe deine Augen und gleite langsam und beschützt in eine wundervolle, tiefe Entspannung hinein, in der du dich neu programmieren und deinen Lebensweg in eine von dir gewünschte Richtung lenken kannst. Alles ist möglich im goldenen Raum!

Komm weiter zur Ruhe. Tief in die Ruhe hinein. Atme gelassen ein und aus und lockere dabei alle Muskeln deines Körpers. Du bist ganz ruhig und entspannt. Vor deinem inneren Auge entwickelt sich das Bild einer weißen Wolke. Packe all deine Sorgen, Probleme und Ängste auf diese Wolke, und gib ihr einen ordentlichen Schubs, dann düst sie mit deinem Ballast davon. Ein neues Glücksgefühl breitet sich in dir aus. Eine Leichtigkeit, die durch deinen ganzen Körper strömt.

In dir entdeckst du einen wunderschönen Garten, der dich einlädt, ihn zu besuchen. Mit jedem Schritt, den du auf ihn zugehst, wird der Garten klarer und klarer. Du stehst nun mitten im zauberhaften Garten, schaust dich um und genießt die liebliche und kraftspendende Natur.

Höre die Vögel zwitschern, rieche den Duft der Blumen, spüre die Frühlingssonne auf deiner Haut, fühle das Gras an deinen Füßen. Vor dir siehst du eine goldene Treppe, die mit zehn Stufen hinab zu einer goldenen Tür führt. Hinter der Tür liegt dein persönlicher magischer goldener Raum, der es dir ermöglicht, dich komplett zu entspannen, dabei Körper, Geist und Seele zu heilen, und der dir deine Wünsche erfüllt. Gehe die goldene Treppe, Stufe für Stufe, hinunter, bis du vor der Tür zu deinem goldenen Raum stehst. Öffne diese und betrete den Raum. Die Wände sind aus purem Gold, der Fußboden schimmert golden, edle Kronleuchter hängen von der Decke hinab. Der Raum ist einfach perfekt. Atme tief ein, und rieche einen exotischen Duft, der dich verzaubert. Lass die friedvolle Stimmung auf dich wirken, und spüre reine Harmonie und tiefen Frieden in dir.

In der Mitte des Raumes befindet sich ein goldenes Podest. Stelle dich darauf, und von oben strömt goldenes, dich heilendes Licht in dich ein. Erlebe, wie dein ganzer Körper von einem Glücksgefühl durchströmt wird. Das goldene Licht erfüllt dich mehr und mehr, bis du voll aufgetankt bist.

Dein Blick fällt nun auf ein edles goldenes Bett. Wandle zu dem großen Bett hin, und lass dich behutsam darauf fallen. In diesem Zauberbett öffnet sich das Tor deines Unterbewusstseins noch weiter, und die Grenzen verschwinden: Du kannst in diesem Zauberbett alles Mögliche erleben. Du kannst an ferne Orte reisen, genauso sein, wie du schon immer sein wolltest. Du kannst alle deine Fantasien leben und zur Realität werden lassen. Dein Unterbewusstsein wird diese Bilder abspeichern und zu einem festen, dauerhaften Teil deiner Realität werden lassen. Stelle dir die Dinge vor, die du ab sofort und in Zukunft haben möchtest, eine stabile Gesundheit, eine erfüllende Partnerschaft, viel Geld, ein glückliches Leben, schöne Erlebnisse oder eben die Lösung deiner Krise – und empfinde dabei Freude, Dankbarkeit und Erfüllung.

Jetzt, wo du die magische Welt erlebt hast und absolut glücklich bist, stehe vom Zauberbett auf und bedanke dich für die unendlichen Möglichkeiten, die dir nun zur Verfügung stehen. Und mit einem neuen, positiven Lebensgefühl verabschiedest du dich für heute von deinem goldenen Raum, gehst zurück zur goldenen Tür und schließt sie hinter dir. Schreite die goldene Treppe hinauf, und spüre und genieße mit jedem Schritt das neue Gefühl der Gesundheit, Liebe, Freiheit, Dankbarkeit und Achtsamkeit in dir.

Du befindest dich wieder im wunderschönen Garten, und weißt, dass all deine Wünsche, die du im Zauberbett entwickelt hast, in Erfüllung gehen. Mit dieser Sicherheit bereitest du dich jetzt darauf vor, langsam wieder in das Hier und Jetzt zurückzukehren. Der Garten zieht sich zurück, und du kommst wieder in diesen Raum.

Zähle von 1 bis 3:

1 – Du wirst immer wacher und wacher.
2 – Du kommst mehr und mehr ins Hier und Jetzt zurück.
3 – Öffne deine Augen, und du bist hellwach, fühlst dich fit und frisch. Ruhe noch ein bisschen nach und genieße diesen Zustand!

Nutze die Wunscherfüllung im goldenen Raum, um visuell die Krise zu meistern. Erlebe, wie du neue Kräfte entwickelst, und spiele durch, wie du entschlossen die richtigen Schritte tust, um die Krise hinter dir zu lassen und gestärkt aus ihr hervorzugehen.

Schritt 5: Triff neue Entscheidungen

Kannst du dir vorstellen, dass du einige Entscheidungen, die zur Krise geführt haben, aus bestimmten Wesensanteilen heraus getroffen hast, die sich für eine erwachsene Entscheidung, die dir wirklich weiterhilft, nicht so gut eignen? Wie wäre es, wenn du noch einmal ganz von vorn anfängst und neu entscheidest, wer in dir das Sagen hat? Alle inneren Kräfte dürfen dich beraten und dir ihre Bedürfnisse mitteilen. Doch die Entscheidungen triffst du, nicht deine Angst vor Beschämung, nicht der Teil, der es immer noch deiner Mutter oder deinem Vater recht machen möchte, nicht dein Bedürfnis nach Liebe, sondern du, der bewusste, selbstbestimmte Mensch. Damit du dich als diesen bewussten und selbstbestimmten Menschen erfährst, nutzen wir ein uraltes, sehr kraftvolles Werkzeug, das du bereits in diesem Buch kennengelernt hast: das Medizinrad. Du hast in einer der Übungen erkannt, welcher Bereich in dir am meisten von der Krise betroffen ist. Welcher Bereich aber ist es, der für die Krise verantwortlich ist?

Es ist das Innere Kind. Wenn wir unser Leben unbewusst aus den unerfüllten emotionalen Bedürfnissen unseres Inneren Kindes heraus gestalten, dann leben wir oft aus der Suche nach Liebe und Anerkennung und aus der Vermeidung von Beschämung und Einsamkeit heraus. Wir glauben, wir träfen bewusste und erwachsene Entscheidungen, doch in Wahrheit dienen unsere Kräfte, also unsere Handlungen (Feuer, Innerer Mann), unsere Ideen und unsere Kommunikation (Luft, Innerer Erwachsener) sowie unsere Ressourcen (Erde, Innere

Frau) dem getrübten Wasser, den unerfüllten Bedürfnissen des Inneren Kindes.

Damit wir diese Bedürfnisse so ernst nehmen können, wie unser Inneres es unbewusst tut, dürfen wir eines verstehen: Unsere kindlichen emotionalen Bedürfnisse bilden Stationen auf dem Weg zu unserer Reifung und unserer echten Unabhängigkeit. Sie sind keine willkürlichen Bedürfnisse, die man übergehen kann, sondern ihre Erfüllung ist eine unabdingbare Voraussetzung für unsere Hirnreifung.

Wir brauchen als Kinder unbedingt positive emotionale Bestätigung, damit wir uns als wertvoller und gern gesehener Teil einer Gemeinschaft fühlen können. Kinder benötigen die Rückmeldung, dass sie andere beglücken können, indem sie da sind, und dass sie mit dem, was sie brauchen, gesehen und verstanden werden. Wenn wir kindliche unerfüllte emotionale Bedürfnisse haben, dann bedeutet das für unser auch heute noch existierendes kindliches Verständnis nichts anderes, als dass wir uns nicht genügend verständlich machen konnten oder dass unsere Bedürfnisse fremdartig und unerfüllbar waren. Damit unser Gehirn in Bezug auf unsere Selbstwahrnehmung reifen kann, hilft uns nur ein Spiegel von außen, der uns sagt: Du bist sichtbar, es gibt dich, ich kann dich hören, ich kann dich sehen, und ich gebe dir endlich das, was du brauchst.

Unser Inneres gibt nicht auf. Wir suchen so lange nach dem, was für unsere Reifung essenziell wichtig ist, bis wir es gefunden haben, und das ist eine sehr berührende Nachricht. Unser Inneres meint es ernst. Das Wunderbare, Magische, glückselig Machende ist, dass wir heute groß sind. Wir können uns selbst den Spiegel anbieten, den wir als Kind so sehr gebraucht hätten; das ist ein wahrer Segen. Wir sind nicht mehr abhängig davon, dass ein anderer es tut, und haben unsere Vollendung deshalb selbst in der Hand. Wenn wir unser Inneres Kind wahrnehmen, wenn wir unsere kindlichen Bedürfnisse erkennen und unserem Inneren Kind zuhören, dann passiert endlich das, worauf unser System so dringlich wartet. Es ist keine Schwäche, aus dem Inneren Kind heraus zu agieren, sondern es zeigt das unstillbare Bedürfnis unseres ganzen Systems, uns bestmöglich zu entfalten.

Gleichzeitig erfordert unser Erwachsenleben mit all der Verantwortung, die wir tragen und tragen wollen, dass wir bereits gereift sind, und hier haben wir unser Dilemma. Wir müssen verantwortlich handeln und sind gleichzeitig auf der Suche nach den emotionalen Erfahrungen, die wir benötigen, um eine positive Selbstwahrnehmung und um bewusste Selbstverantwortung und Selbstfürsorge zu entwickeln.

Aus diesem Dilemma heraus ergeben sich fast alle Krisen, das haben wir verstanden. Die Lösung haben wir auch schon: Wir nehmen bewusst und liebevoll Kontakt zu unserem Inneren Kind auf und geben ihm, was es braucht. Ich, Susanne, habe zum Thema Inneres Kind zahlreiche spezifische Bücher und Kartensets verfasst[5], die dir bei der Krisenarbeit zusätzlich behilflich sein können.

Wenn das Element Wasser befriedet wird, indem wir uns um unser Inneres Kind kümmern, können das Wasser selbst und alle anderen Elemente in uns tun, wozu sie da sind: unserer Mitte dienen. Jetzt können wir neue Entscheidungen treffen, Entscheidungen, die unserer Wahrheit und unserer Mitte entsprechen, Entscheidungen, die uns aus der Krise herausführen und uns gereift, gestärkt und geläutert daraus hervorgehen lassen.

Lass uns jetzt mithilfe einer Meditation die Wahrheit deines persönlichen Medizinrades erforschen, damit du dich in deiner ganzen Strahlkraft und Klarheit erfährst.

Innere Reise: Die Weisheit des Medizinrades

Mach es dir bequem, und schließe deine Augen. Komm zur Ruhe. Öffne dich für die Magie, die geschehen darf. Gehe in deiner Vorstellung durch ein Tor. Hinter dem Tor findest du eine Landschaft, in der du dich sicher und wohl fühlst.

Du siehst auf einmal einen wunderschön gestalteten Platz, auf dem vier große Kristalle einen Kreis bilden. Sie sind exakt in den vier Himmelsrichtungen positioniert. Du betrittst den Kreis und nimmst wahr, dass du dich in einem sehr machtvollen Kraftfeld befindest. Das Zentrum ist eine silberne Scheibe, die dir augenblicklich Energie und Lebenskraft schenkt. Setze dich in die Mitte, und nimm diese Lebenskraft in dich auf.

Jetzt blitzt einer der Kristalle auf, und du weißt, dass du zu ihm gehen darfst. Du legst deine Hände an den Kristall und nimmst seine Kraft wahr. Es ist die Kraft deiner Gefühle, deines inneren Friedens und deiner Gelassenheit. Dir wird bewusst, dass es zum Teil unerfüllte kindliche emotionale Bedürfnisse sind, die deine Entscheidungen mitbestimmen. Dir wird auch bewusst, dass du dir deinen Wunsch nach emotionaler Sicherheit selbst erfüllen kannst und deine Entscheidungen davon unbeeinträchtigt bleiben dürfen.

Nun spürst du ein Ziehen. Der Kristall zieht alles Emotionale aus dir heraus, das dich daran hindert, freie und weise Entscheidungen zu treffen, deiner Wahrheit zu folgen und für dich einzustehen. Der Kristall gibt dir Gelassenheit und Vertrauen in deine eigenen Kräfte. Wenn der Stein alles

Hemmende aus dir herausgezogen hat und du alle wichtigen Informationen bekommen hast, hört das Blitzen oder Summen des Kristalls auf. Gehe wieder in die Mitte zurück.

Der nächste Kristall ruft dich. Du gehst hin und legst deine Hände an ihn. Es ist der Kristall der Luft, deiner Gedankenkraft, deiner mentalen Stärke, deiner Geistesblitze und deiner neuen Ideen. Der Kristall blinkt und gibt dir Kraft und Klarheit. Du kannst die Schwierigkeiten und die Angelegenheiten deines Lebens wie ein Adler von oben sehen, du bekommst einen Überblick und nimmst das große Ganze wahr. Du erkennst, welche Entscheidungen zu welchen Konsequenzen führen, und in welchen Bereichen du anders entscheiden darfst, um neue, gute Ergebnisse zu erzielen.

Du spürst jetzt ein Ziehen. Der Kristall zieht alle Gedanken aus dir heraus, die dich klein halten und dir nicht mehr dienen. Irgendwann hört das Blinken auf, und du gehst zur Mitte zurück.

Jetzt blinkt der nächste Kristall, und du legst deine Hände auf ihn. Der Kristall des Feuers schenkt dir Tatkraft und Begeisterung, er erinnert dich an das, wofür du brennst. Du erkennst, dass du einiges tust, was dich in Wahrheit gar nicht mehr interessiert und dich sogar eher ermüdet statt beflügelt. Der Kristall gibt dir deine Tatkraft und Lebensfreude zurück. Gleichzeitig spürst du, dass er etwas aus dir herauszieht. Es ist die Erschöpfung, ständig etwas tun zu müssen, was du nicht tun willst, egal, in welchem Lebensbereich es ist. Du spürst, wie die Müdigkeit aus dir herausfließt, während das Feuer deiner Begeisterung und deine Lust, etwas anzupacken, zu dir zurückkehren.

Gestärkt spazierst du nun in die Mitte zurück. Der letzte Kristall blinkt und ruft dich. Du gehst hin und legst deine Hände auf seine glatte Oberfläche. Augenblicklich durchströmt dich Stabilität. Du fühlst deine Füße und deinen ganzen Körper, und spürst, dass du weitaus widerstandsfähiger und resilienter bist, als du dachtest. Es ist der Kristall des Elements Erde, der dich nun mit deinen Ressourcen und deiner nährenden Kraft verbindet. Du erkennst, wen oder was du bislang genährt, also mit deiner Energie, deiner Liebe, deinem Geld, deiner Aufmerksamkeit und deinen Ressourcen unterstützt und versorgt hast, ohne dass viel zurückkam und vielleicht sogar, ohne dass du es bemerkt hast. Der Kristall zieht alles, was du nährst und versorgst, ohne dass es zu dir gehört und dir guttut, aus dir heraus. Das können auch nur bestimmte Aspekte einer Angelegenheit oder Beziehung sein. Die Kraft des Kristalls stärkt dein Vertrauen in dich und deine Fähigkeit, für dich zu sorgen.

Du fühlst dich genährt und geerdet, und gehst dann zur Mitte zurück.

In der Mitte angekommen, erscheint eine leuchtende Lichtsäule aus der Erde und verbindet dich mit deiner innersten Wahrheit. Das Licht durchströmt dich, und du kommst in Kontakt mit dir und deiner Seele. Alle Kristalle leuchten jetzt auf und senden ihre Energie in die Lichtsäule in der Mitte. All diese Kräfte strömen in dich ein und verbinden sich in dir auf eine neue, einzigartige Weise. Du wirst immer klarer und spürst immer deutlicher, wie dir diese Krise dabei hilft, einen neuen Weg zu gehen. Du kannst dir jetzt selbst erlauben, eine Entscheidung zu treffen.

Es kann auch gut sein, dass du erkennst, dass der Moment, eine Entscheidung zu treffen, noch nicht gekommen ist. In diesem Fall beschließt du, den Dingen Zeit zu lassen. Sei dir gewiss, dass der richtige Augenblick kommt, wo du weißt, was zu tun ist. Bitte deine inneren Kräfte um Hilfe dabei, diese neue Entscheidung nach und nach in deinem Leben umzusetzen. Du bist bestens versorgt und hast jetzt alles in dir, was du brauchst, um neue Wege zu gehen.

Du schaust in Gedanken auf das zurück, was hinter dir liegt, während du noch in der Lichtsäule stehst. Du bist einen weiten Weg gegangen und hast dich selbst dabei gefunden. Du kannst stolz auf dich sein. Wir, die diese Meditationen für dich geschaffen haben, sind es.

Komm, wenn du bereit bist, in deiner Zeit wieder durch dein Tor zurück. Die Kraft deiner Mitte und der Kristalle wirkt weiter in deinem Inneren. Atme tief ein und aus, dann öffne deine Augen. Willkommen zurück!

Führe diese Reise so oft durch, wie es dir guttut. Krisen sind vielschichtig. Alle Aspekte bieten dir die Möglichkeit, dich neu zu entdecken und Kräfte zu entwickeln. Nimm dir die Zeit, die Krise zu erforschen und auch das letzte bisschen Stroh zum Gold der Bewusstwerdung zu spinnen.

Entscheiden lernen – nimm dein Leben selbst in die Hand

Noch nie in der Geschichte der Menschheit hatten wir so viele Entscheidungsoptionen wie heute. Täglich steht uns das Leben offen. Eine gigantisch große Welt ist da, um von uns erkundet zu werden. Und doch birgt das seine Tücken. Denn je größer die Zahl der Optionen ist, desto geringer erscheint die Chance, die richtige Wahl zu treffen. Entscheidungen treffen in der Gegenwart ist mehr als Schwarz oder Weiß, Tag oder Nacht, Yin oder Yang. Tausende unterschiedliche Wege können wir beschreiten, und jeder führt uns woanders hin. Diese Vielfalt überfordert nicht nur Otto Normalverbraucher, sondern beschäftigt mittlerweile selbst die besten Psychologen und Wissenschaftler weltweit, die sich mit dem Thema auseinandersetzen und versuchen, diesen einen Code ausfindig zu machen, der einem dabei hilft, die goldrichtige Entscheidung für die bestmögliche Zukunft zu treffen.

Uns muss klar sein: Perfektion gibt es nicht. Kein Mensch ist vollkommen, jeder macht Fehler. Daher ist es ganz natürlich, dass wir auch einmal danebenliegen und im Nachgang erkennen, falsch entschieden zu haben. Die Folge kann sogar eine Krise auslösen, wie dir das vielleicht passiert ist, doch aus Fehlern kann man lernen. Sie am besten nicht ein zweites Mal zu begehen, ist die Prämisse. Viele Menschen machen den Fehler, in der Entscheidungsfindung vor allem größerer Themen stets die perfekte Lösung finden zu wollen. Sie beschäftigen sich tage-, wochen-, sogar monatelang damit, grübeln, studieren, befragen sämtliche Kollegen, Familienangehörige, Freunde und selbst Fremde dazu. Und jeder sagt etwas anderes. Das verunsichert weiter. Schließlich trifft man aus dem

Kollektiv heraus eine Entscheidung, meist auf den letzten Drücker, und diese ist alles andere als von innen heraus, von einem selbst kommend. Man tut das, was die Mehrheit für einen gutheißt. Und dann startet Teil zwei des Perfektionsdenkens: Man hinterfragt seine Entscheidung. Habe ich korrekt gehandelt? Ist das wirklich das Richtige für mich? Werde ich glücklich damit? Wie wäre es, hätte ich anders entschieden? Soll ich mich umentscheiden? Ein weiteres Gedanken- und Aktivitätenkarussell beginnt. Chaos entsteht im Hirn, im Herz und im Leben. Nicht gut! Weniger ist hier deutlich mehr. Wir folgen dem Motto des französischen Staatsmannes Charles de Gaulle: »Es ist besser, unvollkommene Entscheidungen durchzuführen, als beständig nach vollkommenen Entscheidungen zu suchen, die es niemals geben wird.«

Gib deiner Intuition eine Chance

»Abwägen ohne Aufmerksamkeit« ist ein Leitsatz, den viele Experten empfehlen. Wer zu viel über etwas nachdenkt, der »zerdenkt« es. Die Intuition ist ein wichtiger Teil des Menschen und seiner Persönlichkeit. In den alten Säbelzahntiger-Zeiten war der Mensch auf seinen Instinkt angewiesen, um zu überleben. Und bis heute können wir ihn nutzen, nicht um vor dem Jagdtier zu fliehen, sondern um von innen heraus zu spüren, was das Richtige für uns ist. Unser Bauchgefühl ist unser bester Freund. Es hilft uns ganz automatisch und intuitiv durchs Leben. Daher sollten wir unserer Intuition eine Chance geben. Sie arbeitet eng mit unserem Unterbewusstsein zusammen, eine Ebene, die über uns wacht und uns Impulse und Tipps zukommen lässt. Hören wir hin, erkennen und verstehen wir diese Botschaften und können sie nutzen.

Die Intuition allein ist schon gut, aber wir sind der Auffassung, dass jede wichtige Zukunftsentscheidung auch vom Kopf her hinterfragt werden sollte. Denn unser Verstand ist uns ebenso ein guter Freund und Wegbegleiter. Er analysiert, was gut und schlecht sein könnte, was realistisch und unrealistisch ist. Er bewertet Entscheidungsthemen deutlich detaillierter und umfassender als die Intuition. Daher sollten wir auch auf unseren Verstand hören ... aber nicht das Entscheidungsthema zur Kopfsache machen! Denn dann beginnt das Hin und Her, das Wenn und Aber, das Entweder und Oder. Wir halten fest: Das Beste ist ein Mix aus vorherrschender Intuition mit kurzer Analyse und – wenn es passt – der Freigabe durch den Verstand. So kannst du den fünften Schritt unseres Programms – Triff neue Entscheidungen – besser und erfolgversprechender umsetzen.

Check-up: Das Zehner-Modell

Versuche doch einmal das Zehner-Modell. Überlege dir in Kürze, welche Konsequenzen deine Entscheidung in zehn Minuten, in zehn Monaten und in zehn Jahren hat. Okay, für die Entscheidung, ob du am Abend italienisch oder indisch essen gehst, spielt dies keine Rolle. Aber ob du z.B. den Geburtstag deines dreijährigen Sohnes mitfeierst oder stattdessen an einer lustigen Karnevalssitzung teilnimmst, kann in zehn Jahren zu traurigen Einsichten und Schuldgefühlen führen. Hierbei gilt auch, nicht alles in aller Ausführlichkeit zu visualisieren, sondern die drei Zehnereinheiten kurz zu hinterfragen und die Gefühle wahrzunehmen, die dabei hochkommen.

Schicksal versus eigene Entscheidungen

Wer immer sagt »Ist leider so« – »Typisch für mich ...« – »Kann ich nicht ändern ...« – »Ist halt mein Schicksal«, der liegt falsch. Unser Schicksal haben wir in unseren Händen bzw. in unserem Kopf (Verstand) und unserem Bauch (Intuition). Welche Lebensgesetze wir für uns verinnerlichen, das entscheiden wir selbst. Nun ja, jetzt kommen wahrscheinlich die Psychologen und Sigmund-Freud-Kenner ums Eck und sagen: Der Mensch ist ein Produkt seiner ersten drei oder sechs Lebensjahre. Genetik, Erziehung sowie frühkindliche Erlebnisse prägen das Wesen enorm zu seiner späteren Persönlichkeit hin.

Ist auch absolut richtig. In unseren ersten Lebensjahren wird unsere (zu)künftige Persönlichkeit geformt. Wie wir einmal werden, das bestimmen unsere Eltern mit. Urvertrauen versus Urmisstrauen, Liebe versus Hass, Zuversicht versus Hoffnungslosigkeit, Freude versus Trauer. So, wie wir erzogen werden, so werden wir auch als Erwachsene sein. Diese Erkenntnisse setzen sich als Programme tief in uns fest und schenken uns die Individualität, die jeden von uns ausmacht und voneinander unterscheidet. Wäre doch schlimm, wenn jeder gleich wäre, oder?

Und so hat jeder eigene Richtlinien und Programme in sich, nach denen er lebt, existiert und handelt. Enorm spielt auch die Vorbildfunktion der Eltern mit hinein, von diesen übernehmen wir sehr viel, vor allem Charakterzüge und Eigenschaften. Und doch entwickelt sich der Mensch von Tag zu Tag, von Sekunde zu Sekunde weiter. Und hat die Möglichkeit, seine Programme zu hinterfragen und zu verändern. In Bezug auf das Thema »Entscheidungen treffen« bedeutet dies: Man ist nicht Gefangener seines Schicksals, sondern Tag für Tag in der Lage, sich persönlich weiterzuentwickeln und neue Wege einzuschlagen.

Wer von seinen Eltern z.B. Entscheidungsunfähigkeit vorgelebt bekam, muss nicht zwangsweise genauso entscheidungsunfähig bleiben. Er kann alte Muster ablegen und neue Wege beschreiten, sein Schicksal selbst in die Hand nehmen. Dazu gehört sicher ein wenig Mut, aber dieser Mut wird schnell belohnt.

Zurück zum Kern: Wir entscheiden uns am Tag etwa 20 000-mal. Unglaublich, oder? Von kleinen Entscheidungen, wie die Farbe des Hemdes, das ich heute anziehe, bis zu großen Entscheidungen, ob ich mich verschulde und ein Haus kaufe, ist alles dabei. Grundsätzlich mache ich mir sicher mehr Gedanken darüber, ob ich einen Kredit über 500 000 Euro aufnehme, als ob ich das hellblaue oder das weiße Hemd für den Tag wähle. Je wichtiger eine Entscheidung ist, desto mehr Bedeutung kommt natürlich auch unserer Wahl zu. Große Lebensentscheidungen sollten niemals aus einer Laune heraus durch- und umgesetzt werden, zu groß ist die Gefahr, sich damit unglücklich zu machen. Eine Vor- und Nachteilanalyse halten wir daher für sehr erstrebenswert. Wenn man z.B. drei Optionen hat, kann man die drei aufschreiben und darunter jeweils die Vorteile und die Nachteile notieren, die einem dazu einfallen. Schnell erkennt man, wo die Vorteile überwiegen und wo Nachteile stehen, die man überhaupt nicht will. So fällt schon einmal eine Option weg. Dann ist es sinnvoll, darüber zu schlafen und die Liste der noch infrage kommenden Wege zu ergänzen. Dann kann man prüfen, ob das Ganze auch in Sachen Emotionen passt, und rundet somit diesen kreativen Entscheidungsprozess ab.

Leitgedanken für bessere Entscheidungen

Wir vermitteln dir nun Leitgedanken, die dir dabei helfen sollen, dich besser und vor allem nachhaltig glücklicher zu entscheiden. Versuche, diese anzunehmen und umzusetzen.

1. **Klarheit ist besser als Unklarheit:** Wer ein Konfusium (Wirrwarr) mit sich herumschleppt und Entscheidungen immer weiter hinauszögert, tut sich nichts Gutes. Ständiges Grübeln und Analysieren beschäftigt und regt auf. Klarheit hingegen schafft Verbindlichkeit und Struktur. Mach dich auf, eine Entscheidung zu treffen, welche auch immer. Allein mit dem Vorsatz und dessen Ausführung, für klare Verhältnisse zu sorgen, erleichterst du dein Leben ungemein.

2. **Wer analysiert, ist sich sicherer:** Wer bin ich? Wo stehe ich? Wo will ich hin? Welche Wege kann ich gehen? Analysiere deine Ausgangslage und hinterfrage, wo dein Ziel liegt. Dann bewerte die verschiedenen Optionen, die du hast. So findest du deinen besten Weg.

3. **Niemand ist ein Hellseher:** Dass man hinterher klüger ist, ist klar. Wenn man Entscheidungen trifft, tut man dies aus bestem Wissen und Gewissen heraus. Man spielt im Kopf die Auswirkungen seiner Entscheidung durch, aber oftmals kommt es doch anders. Akzeptiere die Tatsache, dass du kein Magier bist, der in die Zukunft blicken kann. Du weißt nicht, ob du richtig oder falsch liegen wirst. Triff trotzdem mit voller Überzeugung die Entscheidung, die sich für dich im Moment am besten anfühlt.

4. **Intuition und Verstand – das perfekte Team:** Höre auf dein Herz und befrage dein Hirn. Die Kombination beider Aspekte sorgt dafür, dass du bestmöglich und zu höchstmöglichem Prozentsatz richtig entscheidest. Nicht umsonst sind beide Eigenschaften Teile unserer Persönlichkeit. Beides wurde uns gegeben, um es miteinander zu verknüpfen.

5. **Die volle Verantwortung übernehmen:** Wenn du dich bewusst für etwas entschieden hast, stehe dazu ... auch zu den Konsequenzen, egal ob diese deiner Planung entsprechen oder ganz andere sind. Sie sind Teil und Auswirkung deiner ganz bewusst getroffenen Entscheidung. Sei also verlässlich dir selbst gegenüber und integer.

6. **Gegenwind belächeln:** Du weißt selbst, es ist niemals möglich, es allen Menschen recht zu machen. Immer gibt es Leute, die anderer Meinung sind oder dir weismachen wollen, dass du falsch lagst oder liegen wirst. Stehe trotzdem zu deiner Entscheidung, es ist ja dein Leben, nicht das der anderen, für das du deine Entscheidung so getroffen hast.

7. **Aus Fehlern lernen:** Wenn du einmal richtig danebenliegst mit deiner Wahl, solltest du den Mut haben, diese zu korrigieren. Es kann sich immer anders entwickeln als gedacht. Das Revidieren von Entscheidungen erfordert Kraft, ist aber sinnvoll, wenn dadurch das ursprünglich anvisierte Ziel besser erreicht werden kann.

Lösungswege generieren

Durch die bewusste Auseinandersetzung mit folgenden Fragen lernst du, Entscheidungen zu treffen, Kraft zu tanken und klar zu kommunizieren, was du willst und was nicht. Lass dir Zeit bei der Beantwortung, ergänze deine Gedanken in den folgenden Tagen und Wochen, und forme so sorgfältig deine Zukunft. Wenn du dir deinen Lebensplan erarbeitet hast, fasse die Kernaussagen in kurze, aussagekräftige Sätze zusammen. Diese verinnerlichst du dann, indem du sie aufschreibst und immer wieder achtsam liest.

- Welchen Sinn hat mein Leben?
- Wer will ich werden?
- Wie möchte ich leben?

Finde deine Mitte

Nur wer in sich ruht, der weiß, was er wirklich will. Um deine Mitte zu finden oder in diese zu kommen, gibt es verschiedene Möglichkeiten, z.B.:

- Treibe regelmäßig Sport.
- Unternimm längere Spaziergänge zum Abschalten.
- Führe intensive Gespräche mit engen Freunden.
- Betreibe Entspannung, z.B. Autogenes Training, Meditation, Yoga.
- Ernähre dich gut und gesund.
- Erreiche eine ausgewogene Work-Life-Balance.
- Schlafe gut und ausreichend.
- Kläre Konflikte frühzeitig.

Kreativitätstechniken für die Entscheidungsfindung

Wir stellen dir einige bewährte Kreativitätstechniken vor, die dir bei der Entscheidungsfindung helfen können.

- **Brainstorming:** Hierbei handelt es sich um eine sehr kreative Methode. Sammle alle Informationen, Ideen, Lösungsoptionen, Assoziationen und Parallelen zu deinem Thema. Halte diese schriftlich fest, egal, wie abstrus manche davon klingen. Eine Bewertung findet vorerst nicht statt, hier geht es nur um die Entwicklung neuer Impulse.
- **Finden von Alternativen:** Versuche, in kurzer Zeit einfach einmal ein paar weitere Wege zu definieren, die dir bislang noch nicht bekannt sind. Was ist noch möglich? Wie könnte ich sonst entscheiden?
- **Lösung im Traum:** Ein kurzer Mittagsschlaf oder ein Feierabend-Nickerchen können dir ebenso helfen. Vor dem Hinüberdämmern stelle dir dein Problem genau vor und bitte dein Unterbewusstsein um Hilfe und Lösungen. Nach 15 oder 20 Minuten wirst du aus dem Traum geklingelt und hast meist spannende Bilder präsent, die dir wertvollen Input zu deinem Thema geben können.
- **Die Kunst der Kunst:** Malen ist ein sehr kreativer und therapeutischer Vorgang. Konzentriere dich auf dein Problem und fange einfach an zu malen. Egal, ob mit Bleistift, Buntstift, Marker oder Aquarell. Wenn du fertig bist, deute dein Bild, und vielleicht erkennst du einen neuen Lösungsansatz für dein Problem darin.
- **Meditieren:** Mach eine Entspannungsreise. Einige innere Reisen und Meditationen hast du in diesem Buch und auf unserer CD bereits bekommen.

Selbsttest: Wie gut entscheide ich derzeit?

Folgender Fragebogen hilft dir dabei, festzustellen, ob dein Entscheidungsverhalten gut, zufriedenstellend oder schlecht ist. Bewerte folgende 20 Aussagen. Mit der Auswertung erhältst du wichtige Impulse für deine Persönlichkeitsentwicklung. Je Aussage stehen dir die Codes 1 bis 5 zur Verfügung.

1 = **trifft absolut zu**
2 = **trifft meistens zu**
3 = **50:50**
4 = **trifft selten zu**
5 = **trifft nie zu**

Nr.	Leitsatz	Code
1	Ich tue mich grundsätzlich schwer damit, Entscheidungen zu treffen.	3
2	Selbst wenn es sich nur um eine unbedeutende kleine Entscheidung handelt, grüble ich oftmals wochenlang dazu.	4
3	Ich bin überfordert und lasse meine Freunde oder meine Familie für mich entscheiden.	3
4	Wenn ich etwas entschieden habe, würde ich es am liebsten sofort rückgängig machen und mich erneut mit den Auswahlmöglichkeiten beschäftigen.	5
5	Fast alle wichtigen Entscheidungen treffe ich leider falsch.	3
6	Die Welt ist so groß, und die Entscheidungsoptionen überwältigen und lähmen mich.	

Nr.	Leitsatz	Code
7	Ich entscheide grundsätzlich nur per Kopf.	
8	Ich entscheide grundsätzlich nur per Intuition.	
9	Wenn ich entscheide, tue ich dies stets unter enormer Anspannung und Stress.	
10	Vor und/oder nach wichtigen Entscheidungen leide ich an Schlafstörungen, Essstörungen, Befindlichkeits- oder sonstigen Störungen.	
11	Ich weiß nicht genau, was ich im Leben erreichen will, ich kenne meine Ziele nicht.	
12	Ich arbeite zu viel und wünsche mir mehr Freizeit und Erholung.	
13	Wenn ich mich für etwas entscheide, kann ich mich nicht freuen, da ich ja gleichzeitig eine Entscheidung gegen viele andere Optionen getroffen habe und damit mich selbst einenge.	
14	Ich entscheide stets so, wie es meine Eltern oder andere wichtige Bezugspersonen getan hätten oder tun würden.	
15	So sehr ich mich auch bemühe, immer verliere ich.	
16	Eine Entscheidung zu treffen ist für mich wie Roulette spielen: Ich lasse das Los entscheiden.	
17	Ich entscheide stets so, dass andere mit meiner Entscheidung glücklich sind. Ich selbst komme dabei oft zu kurz.	
18	Ich zögere Entscheidungen so lange heraus, bis sich die Entscheidung erledigt hat.	

Nr.	Leitsatz	Code
19	Entscheidungen zu treffen macht mir Angst.	
20	Ich will mein Entscheidungsverhalten deutlich verbessern.	

Addiere deine Codes. Die Minimalsumme beträgt 20, die Maximalsumme macht 100 aus.

20–49 Punkte: Entscheidungen zu treffen fällt dir schwer, und du musst dir eingestehen, oft danebenzuliegen. Dein Programm ist nicht optimal. Lies dir unsere Anregungen noch einmal aufmerksam durch und versuche, ab jetzt einige der beschriebenen Lösungswege zu übernehmen. Mach diesen Test in drei Monaten erneut.

50–79 Punkte: Ja, das Ergebnis ist okay. Du bist zwar kein Fan von großen Entscheidungen, aber wenn und wie du dies tust, ist in Ordnung. Trotzdem wünschst du dir mehr Sicherheit bei der Entscheidungsfindung und eine noch höhere Trefferquote. Lies dir die Anregungen noch einmal aufmerksam durch und versuche, einige der beschriebenen Lösungswege zu übernehmen. Mach diesen Test in drei Monaten erneut, dann sollte eine höhere Punktzahl herauskommen.

80–100 Punkte: Gratulation! Du bist ein wahrer Entscheidungsexperte. Du kombinierst Intuition und Verstand, um gute und richtige Entscheidungen für dich und dein Leben vorzunehmen. Du weißt, wie du größere Themen analysieren und bewerten kannst, ehe du eine Wahl triffst. Wenn du dies tust, tust du es aus voller Überzeugung. Weiter so!

Wie Fehler zum Erfolg führen

Nimm deine Vergangenheit an, um daraus deine Zukunft zu gestalten! Die Themen Selbsterfahrung und Erfahrungsschatz sind spannend, schließlich haben wir alle eine bewegte Vergangenheit. Alles Geschehene wird zum Teil der Biografie. Nichts wird ausgelöscht. Nichts verschwindet. Auf unserem Lebensweg sollten uns unsere Erfahrungen dienen, um weiser zu werden, um die richtigen Entscheidungen zu treffen, um zu wissen, worauf es ankommt und was man wirklich möchte. Vielen Menschen gelingt das, andere müssen öfter denselben Fehler machen, um es endlich zu verstehen. Manche verstehen es leider nie. Grundsätzlich sollten wir unsere Selbsterfahrung und unseren hart verdienten Erfahrungsschatz liebevoll annehmen, anstatt ihn abzulehnen. Unser Leben ist ein großes Ganzes, die Bausteine setzen sich Stück für Stück zusammen, um immer komplexer zu werden, was unserer spirituellen Entwicklung und Reifung dient.

Fehler, meist sind es falsch getroffene Entscheidungen oder Handlungen, tun weh, ja, denn sie machen uns klar: Hier sind wir gegen die Wand gelaufen. Ob die Fehlentscheidung spontan oder reiflich überlegt war, spielt im Nachhinein keine Rolle. Es hat gescheppert, und wir sind uns klar geworden, dass wir mit unserer Entscheidung oder Handlung nicht weitergekommen sind. Wir müssen umdenken und einen anderen Lösungsweg suchen, um unser Ziel zu erreichen. Umdenken kostet aber Kraft und Energie, was viele Menschen nicht investieren wollen. Daher versuchen sie es einfach wieder im selben Stil ... und scheitern erneut. Das kann endlos so weitergehen, ist aber nicht sinnvoll, da neben wertvoller Energie auch viel Zeit und Selbstbewusstsein dabei draufgehen. Oft macht man sich auch lächerlich, wenn man – für Außenstehende derart offensichtlich – immer wieder genau denselben Fehler begeht.

Fehler sind dazu da, um daraus zu lernen. Aber wie geht das, verdammt noch mal?

Nach der Feststellung, dass der eingeschlagene Weg nicht zum Ziel führte, gilt es, neue Wege zu finden. Welche Möglichkeiten habe ich, um mein Vorhaben erfolgreich in die Realität umzusetzen? Ein kreatives Brainstorming kann ebenso helfen, wie Freunde oder Lehrmeister um Rat zu fragen. Dann gilt es, Versuch Nummer zwei zu starten. Entweder es klappt, oder auch dieser Anlauf scheitert. Dann nicht aufgeben, sondern nach weiteren Lösungswegen suchen. Nur derjenige, der konsequent sein Ziel verfolgt, der bereit ist, an sich zu arbeiten, Kraft, Leidenschaft und Zeit in sich und sein Leben zu stecken, wird schließlich und langfristig mit Erfolg belohnt.

Aus Fehlern zu lernen klingt sehr simpel, ist es aber nicht, denn: Gemachte Fehler zeigen einem die eigene Unvollkommenheit auf. Üblicherweise wollen wir diese aber nicht sehen. Wir verdrängen unsere Schwachstellen und richten unseren Fokus auf uns als Supermann bzw. Superfrau. Ehe wir an uns arbeiten, bevorzugen wir einen netten geselligen Abend mit Freunden oder schauen einen spannenden Film. Und dennoch ist das Fokussieren auf gemachte Fehler essenziell, um diese zu verarbeiten, zu akzeptieren und die Lehren daraus zu ziehen. Es heißt also: Hinschauen statt wegschauen!

Habe ich falsche Entscheidungen getroffen und stehe nun vor einem Scherbenhaufen oder in einer Sackgasse, ist der erste Schritt, die Fehlentscheidung zu akzeptieren. Genau genommen ist es keine Fehlentscheidung gewesen, sondern die in diesem Moment beste Entscheidung, die uns unserer Meinung nach zur Verfügung stand. Leider lagen wir falsch – na und? Wer kann schon immer und jedes Mal richtig liegen?

Solch ein Mensch muss erst noch geboren werden. Also cool bleiben. Verstehen, dass das nicht der goldene Weg nach Rom war, sondern es noch andere Wege geben muss, die wir entweder nicht gesehen haben oder von denen wir dachten, sie seien zum Scheitern verurteilt bzw. nicht gut genug. Vollkommenheit ist ein unmenschliches Phänomen, ergo steht es uns auch zu, Fehler zu machen.

Die Kunst ist, unsere Fehler anzunehmen, zu verarbeiten und die richtigen Schlüsse daraus zu ziehen. Demütig vom hohen Ross herunterzukommen, vom Glauben, man wisse alles, könne alles und tue alles richtig. Stattdessen mit etwas Abstand die Situation betrachten und neue Handlungswege durchdenken. Immer mal wieder hochkommende Gedanken an die Niederlage dürfen sein, sie dürfen aber nicht das Gedächtnis und den Verstand trüben. Sie wollen einbezogen werden in den neuen Entscheidungsprozess, liebevoll angenommen werden im Sinne von: Diese Option scheidet aus, dieser Weg führt definitiv nicht zum Ziel. Genau genommen ist jeder Fehler ein Schritt vorwärts zum Ziel, da eine von uns angedachte Lösungsoption wegfällt und ausscheidet.

Wir alle haben ganz unterschiedliche Stärken, die als Teile unserer Persönlichkeit zum Tragen kommen. Der eine ist sehr redegewandt, der andere ein kluger Stratege, der nächste der Praktiker schlechthin. Während manche über ein riesiges Netzwerk an helfenden Händen verfügen, können andere das Wissen des Internets strukturieren und so Lösungen finden. Wichtig ist, beruflich wie privat sich bei allen anstehenden Entscheidungen auf seine Stärken zu verlassen und diese zu nutzen. Diese haben dir oft genug die Lösung gezeigt und gebracht. Auf deine Stärken konntest du dich immer verlassen, also bleibe bei Bewährtem, und greife auf Erfahrungswerte zurück, die dir Erfolg versprechen.

Finde dein Selbst. Wer bin ich wirklich? Was für ein Mensch? Welche Potenziale stecken in mir? Viele wissen bei der Frage, wer sie wirklich sind, keine Antwort. Sie dümpeln ihr Leben vor sich hin, im Flow, richten viel zu wenig Aufmerksamkeit auf ihre Persönlichkeit und besonderen Fähigkeiten. Wer diese kennt, hat viel mehr Vorteile und Chancen.

Check-up: Sieben-Sätze-Biografie

Nimm ein Blatt Papier zur Hand und schreibe – ohne lange nachzudenken – darauf los, wer du bist. Beschreibe dich in sieben Sätzen. Die Sieben-Sätze-Biografie ist ein hervorragendes Tool aus dem Managementtraining, das Dr. Erik Müller-Schoppen perfektioniert hat. Diese sieben Sätze – niedergeschrieben, ohne darüber nachzudenken – zeigen dir deutlich, was du von dir hältst. Hier wird nichts geschönt, nicht getrickst oder verschleiert. So erlangst du nicht nur eine bessere Selbsteinschätzung, was deine Stärken und Schwächen angeht, sondern erkennst, wo sich dein Selbstwert aktuell befindet.

Meine Sieben-Sätze-Biografie:

1. ______________________________
2. ______________________________
3. ______________________________
4. ______________________________
5. ______________________________
6. ______________________________
7. ______________________________

Die Meinung anderer

Um uns herum befinden sich zahlreiche Menschen, mit denen wir uns tagtäglich austauschen, beruflich wie privat. Jeder von uns verfügt über einen größeren oder kleineren engeren Freundeskreis. Dieser beinhaltet Menschen, die uns wirklich wichtig sind und nahestehen. Von ihnen nehmen wir gern Tipps an, wenn wir sie um ihre Meinung fragen. Grundsätzlich ist das aber nicht ganz so einfach mit dem Rat von Außenstehenden, denn jeder hat eine andere Sicht auf die Dinge. Gehe ich mit einem Problem an die Öffentlichkeit und bitte um Hilfestellung, werde ich von zehn verschiedenen Personen zehn unterschiedliche Lösungswege präsentiert bekommen. Doch welcher ist der richtige? Es ist gut, Menschen um sich zu haben, die man fragen kann, wenn man an einer Stelle nicht weiterkommt, sich nicht entscheiden kann oder ein Problem hat. »Was würdest du tun?«, ist die alles entscheidende Frage. Diese ist absolut legitim, und keiner sollte sich schämen, andere Menschen um Rat zu fragen.

Im Gegenteil: Hieraus können brillante Lösungen entstehen. Trotzdem gibt es Menschen, die nur auf andere hören, die selbst keine eigene Entscheidung treffen, sondern nur die Ratschläge bestimmter Personen befolgen. Kann gut gehen, ist aber nicht erstrebenswert, denn so verliert man sich und lässt sich immer mehr steuern. Auf der anderen Seite der Megaselbstbewusste, der immer nur selbst entscheidet und keinen einzigen Rat annimmt. Wer Scheuklappen vor den Augen hat, kann auch mal gegen die Wand rennen. Optimal ist die goldene Mitte. Ein gesunder Mix aus eigenen Entscheidungen und der Einholung externer Tipps und Ratschläge bei komplizierten Fällen, um daraus den besten Weg zu wählen. So ist eine Persönlichkeitsentwicklung möglich.

Selbsttest: Wie gut integriere ich gemachte Fehler in meine Zukunftsgestaltung?

Folgender Fragebogen hilft dir dabei, zu erkennen, ob du aus gemachten Fehlern wirklich lernst. Anhand von zwanzig Aussagen und deiner persönlichen Einschätzung dazu kannst du mit der folgenden Auswertung wichtige Impulse für deine Persönlichkeitsentwicklung erhalten. Je Aussage stehen dir die Codes 1 bis 5 zur Verfügung.

5 = **trifft absolut zu**
4 = **trifft meistens zu**
3 = **50:50**
2 = **trifft selten zu**
1 = **trifft nie zu**

Nr.	Leitsatz	Code
1	Falsche Entscheidungen, die ich getroffen habe, interessieren mich im Nachhinein nicht mehr.	
2	Fehler sind ärgerlich und schmeißen mich immer zurück.	
3	Wenn ich vor derselben Herausforderung stehe wie vor einem Jahr, versuche ich denselben Weg, der damals scheiterte, noch einmal. Die Zeiten haben sich geändert, diesmal muss es also klappen.	
4	Ich lebe einfach in den Tag hinein – mal sehen, was er so bringt.	
5	Ich habe einige Visionen und Zukunftspläne, doch mir fehlt der Antrieb, diese endlich in die Tat umzusetzen.	

Nr.	Leitsatz	Code
6	Wenn ich betrogen werde, betrüge ich zurück.	
7	Habe ich eine negative Begegnung gehabt, verdränge ich diese.	
8	Wenn ich einen kleinen Fehler gemacht habe, sehe ich nicht ein, mich dafür zu entschuldigen, selbst wenn der andere es von mir erwartet.	
9	Ich treffe alle meine Lebensentscheidungen ausschließlich selbst. Rat von anderen Personen nehme ich nie an.	
10	Bei Streit mit meinem Partner bzw. meiner Partnerin gehe ich ihm/ihr aus dem Weg. Wenn er/sie sich versöhnen möchte, muss er/sie auf mich zukommen.	
11	Je mehr Freunde mir helfen wollen, desto stärker distanziere ich mich von ihnen und will in Ruhe gelassen werden.	
12	Wozu soll ich mir vor jeder Entscheidung lange Gedanken machen? Das Leben ist ein ständiges Auf und Ab, wie eine Welle, ich treffe einfach meine Wahl des Momentes.	
13	Persönlichkeitsentwicklung interessiert mich nicht. Lieber genieße ich meine Freizeit und habe Spaß.	
14	Selbst wenn ich die Möglichkeit hätte, mich alle sechs Monate kostenfrei professionell coachen zu lassen, würde ich diesen Arbeitsprozess nicht annehmen.	

Nr.	Leitsatz	Code
15	An spirituellen Meditationen und inneren Reisen bin ich nicht sehr interessiert.	
16	Die größte Fehlentscheidung meines Lebens macht mich bis heute fertig.	
17	Glücklich sein kann ich nur, wenn ich ausschließlich richtige Entscheidungen treffe.	
18	Menschen, die öfter falsche Entscheidungen treffen, sind für mich Verlierer.	
19	Bei meiner Zukunftsgestaltung fokussiere ich mich nur auf positives Erlebtes. Negative Erfahrungen beziehe ich nicht ein.	
20	Der Satz »Fehler sind dazu da, um daraus zu lernen« ist für mich keine Lebensweisheit.	

Addiere deine Codes zusammen.

20–42 Punkte: Gratulation! Du lernst aus deinen Fehlern und hast dir dadurch bereits einen großen Wissensschatz angeeignet. Deine Vergangenheit gehört fest und ausnahmslos zu dir, du beschäftigst dich bewusst mit deinem Leben und deiner Entwicklung. Früher gemachte Fehler – so hast du längst erkannt – so unschön manche davon auch gewesen sind, hatten ihren Sinn und brachten dich dennoch weiter. Den Rat von guten Freunden weißt du zu schätzen und integrierst ihn in deine Entscheidungsfindung. Du kannst hinter gemachten Fehlern stehen und dich entschuldigen. Das ist wahre Größe. Mach weiter so, und denke immer daran: Gestern macht das Heute, Heute macht das Morgen. Du bist auf deinem Lebensweg in einer langen Entwicklung, in der du von Tag zu Tag weiser wirst. Optimale Voraussetzungen, die Krise erfolgreich hinter dir zu lassen.

43–79 Punkte: Du beschäftigst dich mit dir selbst und deiner Vergangenheit. Wenn auch nicht viel, aber so ist es dir möglich, Niederlagen mit ihren Konsequenzen, Gefühlen und Reaktionen analytisch zu verarbeiten. Diese Erkenntnisse gilt es, für neue Entscheidungen zu nutzen. Das tust du leider noch nicht häufig genug. Der Rat von Freunden ist dir manchmal wichtig, wird aber noch zu inkonsequent beachtet. Du darfst dich ruhig mehr mit deiner Persönlichkeit befassen, offen sein für Lernprozesse und dir auch hin und wieder bewusst die Zeit nehmen, um über dein Leben nachzudenken. Wo willst du hin? Welche Ressourcen hast du? Wenn du das umsetzt, ist ein noch schöneres und glücklicheres Dasein möglich.

80–100 Punkte: Du bist ein Mensch, der sich für deine in der Vergangenheit gemachten Fehler nicht interessiert. Ausblenden und Vergessen ist deine Devise. Mag sein, dass das emotional entlastend wirkt, aber dir fehlt dadurch eine wichtige Entscheidungsgrundlage. Du verdrängst Negatives aus deiner Biografie, das dir äußerst hilfreiche Informationen bereitstellen würde für aktuelle und künftige Entscheidungen. Wenn du so glücklich bist, ist alles prima. Wenn du aber häufiger falsche Entscheidungen triffst, immer wieder scheiterst oder eine Krise nach der anderen erlebst, wäre es sinnvoller, vergangene Fehler doch zu berücksichtigen und zu versuchen, aus ihnen zu lernen. Auch der gute Rat deiner Freunde darf öfter von dir angehört und angenommen werden.

Deine eigene Mitte finden

Um dir dabei zu helfen, in deine so wichtige Mitte zu finden, aus der heraus du Vergangenheit, Gegenwart und Zukunft optimal steuern und miteinander verknüpfen kannst, schenken wir dir eine schamanische Meditation.

Innere Reise: Mein inneres Feuer

Nimm eine entspannte Sitz- oder Liegeposition ein, und schließe deine Augen. Bereite dich darauf vor, zu deinem inneren Feuer zu reisen. Finde in einen schönen, tiefen Entspannungszustand hinein.

Stelle dir vor, in deine Fußsohlen fließt eine weiche, warme goldene Flüssigkeit. Sie strömt in deine Füße und Zehen und schenkt dir pure Entspannung. Sie steigt hoch in deine Waden und fließt in deine Knie. Von dort in deine Oberschenkel. Sie fließt weiter in dein Geschlecht, in dein Gesäß und ergießt sich in deinem Beckenraum. Diese weiche, warme, goldene Flüssigkeit schenkt dir pure Entspannung und steigt weiter hoch. Sie füllt deinen Bauchraum aus und steigt auf zu deinem Herzen. Sieh zu, wie sie dein Herz vergoldet und erfüllt. Sie fließt in deine Lungen, in deine Bronchien und steigt weiter hoch in deinen Hals. Und von dort in deinen Mund.

Sie füllt dein Gesicht aus, deine Nase, deine Ohren, deine Augen und dein Gehirn. Von deinem Kopf fließt sie deinen Nacken hinab. Sie schenkt deinem Körper pure Entspannung. Sie ergießt sich in deine Oberarme bis zu deinen

Ellenbogen und weiter zu deinen Handgelenken, deinen Händen bis in die Fingerspitzen hinein. Diese weiche, warme goldene Flüssigkeit fließt deine Wirbelsäule hinab und breitet sich in deinem ganzen Rücken aus.

Du bist golden. Du bist entspannt. Nun tauchst du ein in die mystische Welt. Du bist auf einer Hochebene. Dein Blick ist frei, und über dir kannst du den blauen Himmel sehen und den Wind spüren, der dich sanft umspielt. Gehe nun los in die Richtung, die dir zusagt. Du spürst das Gras unter deinen Füßen, und in einiger Entfernung siehst du einen großen Baum mit mächtigen Ästen.

Gehe auf ihn zu und schaue dir den Baum genau an. Wenn du vor ihm stehst, berühre seine Rinde und seine Wurzeln, die voller Moos über dem Boden verlaufen. Spaziere um den großen Baum herum, der hier schon seit vielen Jahrhunderten steht. Du entdeckst eine kleine Tür, die in den Baum hineinführt. Die Tür umfasst genau die Größe, dass du gerade hindurchpasst. Dieser Baum ist dein magisches Tor in die Anderswelt.

Öffne die Tür, und gehe hindurch. Vor dir liegt eine lange Wendeltreppe, die nach unten führt. Gehe Stufe für Stufe hinab. Immer tiefer hinab. Rieche dabei den wundervollen Duft von Holz und Harz. Atme diesen tief ein, und gehe weiter und immer weiter ... bis du – unten angekommen – wieder an eine Tür gelangst.

Öffne auch diese Tür und gehe hindurch. Du stehst auf einem Weg, der an einem kleinen Bach entlangführt. Schaue dich um und nimm wahr, was du hier unten alles siehst.

Während du aufmerksam den Weg gehst, hörst du ein leises Lodern und Prasseln. Du beginnst, Feuer zu riechen. Diesen wundervollen Geruch eines offenen Feuers, voller Kraft und Energie. Nun kannst du es auch sehen, dein inneres Feuer! Gehe darauf zu, und bleibe vor deinem Feuer stehen. Schaue es dir genau an. Wie ist dein Feuer beschaffen? Ist es groß oder klein? Ist es ein warmes oder ein kaltes Feuer? Welche Farben und Formen haben die Flammen? Blicke nach links und rechts. Gibt es hier noch andere Menschen außer dir? Wenn ja, was tun sie? Gibt es welche, die dein Feuer löschen möchten? Die es eindämmen? Oder fürchten sie es? Du kannst nun dein Feuer so groß und so herrlich machen, wie du es möchtest. Wenn jemand dein Feuer stört, schicke diesen Menschen oder dieses Wesen fort. Du brauchst dich nicht dafür zu entschuldigen oder dich zu rechtfertigen. Es ist dein Feuer. Dein inneres Feuer. Lass es brennen!

Füttere dein Feuer mit allem, was es braucht, um schön und groß zu brennen und dir somit Gutes tun zu können: mit Liebe, mit Mut, mit Tatendrang, mit Freude, mit Gesundheit, mit Kraft, mit Frieden, mit allem, von dem du gern mehr hättest. Während du am Feuer stehst, werde dir darüber klar, was dein Feuer benötigt, um weiterhin so wundervoll brennen zu können wie jetzt. Braucht es einen Hüter, der das Feuer bewacht? Will es deine tägliche

Aufmerksamkeit? Frage das Feuer, und höre, was es dir zu sagen hat. Bleibe eine Weile hier, und genieße dein inneres Feuer.

Nun wird es Zeit für den Rückweg. Schaue noch einmal auf dein Feuer, und sei dir klar, dass du jederzeit wiederkommen kannst und dass dein inneres Feuer immer für dich weiterbrennt. Dass es deine Liebe, Kreativität, Lebendigkeit und Leidenschaft verkörpert. Dass es dich liebt. Gehe nun den Weg am Bach entlang zurück zur Tür im Baum ..., und steige langsam alle Stufen nach oben. Rieche dabei den Duft des Harzes und des Holzes ... und wenn du oben angekommen bist, trittst du aus der Tür heraus.

Bedanke dich beim großen, alten Baum, der dein Tor in die Anderswelt ist, und gehe zurück auf die Hochebene. Verabschiede dich von der Landschaft, mach dich auf den Weg ins Hier und Jetzt, und öffne – wenn du bereit bist – deine Augen. Willkommen zurück.

So, nun haben wir es fast geschafft! Wir sind sehr stolz auf dich, dass du bis hierher durchgelesen und dich mit unserem Ratgeber beschäftigt hast. Zum Abschluss möchten wir dir noch eine wundervolle Energiemeditation schenken, die dir hilft, voller Stärke nach vorn zu blicken.

Innere Reise: Zauber der Lotusblüte

Schließe deine Augen, und mach es dir in einer angenehmen Position gemütlich. Werde ganz ruhig und lass jene Gedanken, die noch da sind, ziehen. Befreie deinen Geist von all den Dingen, die in den letzten Tagen, Wochen und Monaten im Rahmen deiner Krise passiert sind.

Atme frische Kraft ein und spüre, wie du immer mehr im Jetzt ankommst. So erscheint vor deinem inneren Auge eine traumhaft schöne Oasenlandschaft. Nimm den Sand unter deinen Füßen und den Wind an deiner Haut wahr. Es ist sommerlich warm. Dieser Ort bietet genug Schatten, und der große Fluss, der die Oase mit Leben versorgt, befeuchtet die Luft. Um dich herum stehen zahlreiche Dattelpalmen und Strohhütten. Gehe zur schönsten Dattelpalme und koste von ihren süßen Früchten. In dir breitet sich das Gefühl von Sommer, Sand und Urlaub aus.

Spaziere weiter, und spüre bei jedem Schritt das leichte Kitzeln des Sandbodens und die wohltuende Wärme des Sonnenlichts. Gehe vor zum Ufer des Flusses. Der Fluss versorgt alle Lebewesen der Oase mit Wasser und Nährstoffen. Setze dich ans Ufer und lass deinen Blick schweifen. Der Fluss rauscht gemütlich an dir vorbei. Betrachte, wie ein kleines Stück vor dir eine geschlossene Lotusblüte auf einem Blatt dahintreibt. Sie kann nur dann ihre ganze Schönheit entfalten, wenn sie ausreichend Wasser, Zeit und Licht zum Erblühen bekommt. Du bist diese Lotusblüte. Langsam beginnt sie ihr Inneres zu öffnen, und die Blütenblätter richten sich mehr und mehr auf. Lass diesen

Vorgang auch in dir geschehen. Bringe die Blüte in dir zum Erblühen, und spüre, wie sie sich entfaltet.

Sie richtet sich auf und zeigt ihren inneren Schatz, der unglaublich kostbar ist und wunderschön aussieht. Immer mehr öffnet sich die Blüte in deinem Inneren, und du fühlst, wie du dich selbst für Neues in deinem Leben öffnest und wie dein volles Potenzial erwacht. Jetzt entdeckst du, dass auch die Lotosblüte im Fluss blüht und ihr Inneres zeigt.

Je länger du an diesem Ort verweilst, umso stärker lädt dich auch die Sonne mit neuer Energie auf. Deine Zellen speichern diese Kraft tief in dir ab. Gib dir die Erlaubnis, dich zu erneuern und diese Lebensenergie zu tanken. Auch der Fluss berührt dein Inneres und lässt deine eigene Lebensader wieder strömen. Spüre, wie frische Energie durch deinen ganzen Körper fließt und alle Organe, Muskeln und Nerven versorgt.

Erfahre absolute Erholung und Entspannung. Langsam wird es Zeit, wieder aufzustehen. Gehe vom Ufer zurück zu den Strohhütten. Verabschiede dich für heute von deiner Energieoase. Wenn du bereit bist, öffne deine Augen, und kehre glücklich und gut erholt zurück ins Hier und Jetzt.

Nachwort

Puh, das war viel. Wir haben dich mit Übungen, Informationen und Fragen förmlich überschüttet, und vielleicht bist du ein wenig außer Atem. Doch wenn du daran denkst, dass jeder Mensch anders tickt, dann verstehst du, dass nicht alles jedem hilft. Nimm dir bitte das, was für dich gut und hilfreich ist, und lass den Rest einfach für diesmal liegen. Ein anderes Mal wird es dir helfen, oder du kennst jemanden, der genau diese Übung oder jene Fragen braucht, mit denen du weniger anfangen konntest.

Was hast du erreicht? Wie fühlst du dich heute, nachdem du dieses Buch, wenn vielleicht auch noch nicht ganz durchgearbeitet, doch gelesen hast?

Uns ist es sehr wichtig, dass du wieder handlungsfähig wirst, dass du in Frieden mit dir und dem, was dir durch deine Krise zugemutet wird, kommst und dass dein Leben glücklich, vielleicht sogar bereichert weitergehen darf. Wir hoffen von ganzem Herzen, dass wir mit diesem Buch zu deinem Seelenfrieden beitragen konnten.

Wir hoffen auch, dass du dich beim Lesen von uns gut begleitet und gesehen fühltest. Haben wir dich überfordert, nicht da abgeholt, wo du stehst oder gar geärgert, dann tut uns das von Herzen leid. Wir wissen, wie sehr uns Krisen schütteln können, wie groß die Herausforderung ist, sich wieder zu öffnen, und wir sind sehr glücklich darüber, dass du dich auf den Weg zu dir selbst gemacht hast. Denn darum geht es: sich selbst niemals im Stich zu lassen, weder im Glück noch im Unglück. Sondern stets an seiner eigenen Seite zu sein, wie der treueste Freund, der bedingungslose Verbündete.

Wenn wir dir das vermitteln konnten, dann haben wir alles richtig gemacht. Du bist bei dir, du hast dich selbst an deiner Seite, und egal, was das Leben dir serviert, du bleibst bei dir, sprichst dir gut zu und schenkst dir dein Mitgefühl.

Wir sind dir unendlich dankbar, dass wir dich in dieser schwierigen Zeit begleiten und berühren durften. Es war uns eine Ehre.

In Liebe,
Susanne und Abbas

Endnoten

1 »Hilfe in miesen Zeiten«, Audio-CD, ISBN-978-3-86374-722-0, Mankau Verlag
2 Ebd.
3 Veröffentlicht werden dürfen die Reisen nur durch den Verlag.
4 Siehe Anm. 1
5 Kartensets u. Bücher z. Thema »Inneres Kind«, erschienen im Schirner Verlag

Register

Unsere Buchtipps!

Andreas Winter

Was deine Angst dir sagen will

Blockaden verstehen und überwinden.
Mit Extra-Tipps gegen Panikattacken

Taschenbuch: 9,95 € (D) | 10,30 € (A)
ISBN 978-3-86374-323-9 · 198 Seiten

Hörbuch mit Audio-Coaching: UVP 15 € (D|A)
ISBN 978-3-86374-332-1 · ca. 70 Min.

»Buch und CD sind absolut empfehlenswert. Andreas Winter schreibt sehr verständlich und unterhaltsam, ohne dabei überheblich zu sein. Seine langjährige Expertise auf diesen Gebieten spürt man deutlich.« buchnotizen.de

Andreas Winter

Wie unsere Psyche tickt

Die Intelligenz des Unterbewusstseins verstehen.
Wie psychosomatische Symptome und Blockaden entstehen und wieder aufgelöst werden können.
Die Andreas-Winter-Methode

Buch: 28,00 € (D) | 28,80 € (A)
ISBN 978-3-86374-713-8 · 270 Seiten

Hörbuch: UVP 18 € (D) | 18,50 € (A)
ISBN 978-3-86374-716-9 · ca. 516 Min.

»Die Andreas-Winter-Methode geht den Ursachen auf den Grund! Seine Gesundungserfolge sprechen eine deutliche Sprache!« dasgesundmagazin.de

Andreas Winter

Die Sache mit dem Alkohol

Genuss ohne Abhängigkeit ist möglich:
Warum wir trinken und wie wir unsere Gewohnheiten ändern können

Buch: 18,00 € (D) | 18,50 € (A)
ISBN 978-3-86374-676-6 · 190 Seiten

Hörbuch mit Audio-Coaching: UVP 18 € (D|A)
ISBN 978-3-86374-679-7 · ca. 323 Min.

»Der Autor ist Diplom-Pädagoge und psychologischer Berater. Er vertritt die These, dass moderater Alkoholgenuss auch Alkoholikern möglich ist – wenn die zugrundeliegenden Ursachen (...) erkannt und geheilt werden.« ekz-Informationsdienst

Unsere Bücher erhalten Sie in Ihrer Buchhandlung!
Besuchen Sie auch unsere Internetseite mit Leseproben, Autorenvideos, Newsletter, Bestellmöglichkeit und mehr: **www.mankau-verlag.de**

man kau